D1703053

# Blickpunkt
# Chemie

Sachsen Klasse 8

Schroedel

# Blickpunkt Chemie

Neubearbeitung

## Herausgegeben von:

Dieter Frühauf, Braunschweig
Hans Tegen, Hambühren

## Bearbeitet von:

Joachim Blum, Bernd Braun, Dieter Frühauf, Dr. Erwin Graf, Thomas Günkel, Jürgen Hietel, Friederike Krämer-Brand, Sandra Kranz, Erhard Mathias, Angelika Meinhold, Ines Miersch, Wolfgang Münzinger, Mariola Schröer, Bernd Schumacher, Ina Strauß, Hans Tegen

## unter Mitarbeit von:

Günther Bohlender, Karl Burckgard, H. Michael Carl, Dieter Cieplik, Michael Dahl, Willi Gouasé, Ute Jung, Horst-Dietmar Kirks, Fritz Lepold, Barbara Spies, Reiner Wagner, Reinhard Wendt-Eberhöfer, Erwin Werthebach

und der Verlagsredaktion

© 2005 Bildungshaus Schulbuchverlage
Westermann Schroedel Diesterweg Schöningh Winklers GmbH, Braunschweig
www.schroedel.de

Druck A³ / Jahr 2013
Alle Drucke der Serie A sind im Unterricht parallel verwendbar.

Umschlaggestaltung: Janssen Kahlert Design & Kommunikation, Hannover
Layout: Jürgen Kochinke, Derneburg
Grafiken: Birgitt Biermann-Schickling, Barbara Hömberg, Karin Mall, Tom Menzel, Heike Möller, Karola Niehoff-Lücke, Thilo Pustlauk, Volkmar Rinke, Günter Schlierf, DTP-Studio Wiegand, Dr. Winfried Zemann
Satz: media service schmidt, Hildesheim
Druck und Bindung: Westermann Druck GmbH, Zwickau

ISBN 978-3-507-76935-9

## Entsorgung von Chemikalienresten

Chemikalienreste darf man nicht ohne weiteres in den Abfluss oder Abfalleimer geben. Gefährliche Stoffe müssen vielmehr ordnungsgemäß entsorgt werden. Das gilt besonders für Stoffe, die bei chemischen Experimenten anfallen.

**Entsorgungskonzept.** Abfallchemikalien müssen nach Stoffklassen getrennt gesammelt werden, damit die ordnungsgemäße endgültige Entsorgung vereinfacht wird. Für die im Chemieunterricht anfallenden Chemikalien genügt ein einfaches Entsorgungssystem aus vier Behältern.

| B1 | B2 | B3 | B4 |
|---|---|---|---|
| Säuren und Laugen | giftige anorganische Stoffe | halogenfreie organische Stoffe | halogenhaltige organische Stoffe |

*Beispiele:*

| | | | |
|---|---|---|---|
| Salzsäure Natronlauge | Kupfersulfat Bleisalze | Benzin Toluol | Dibromethan Trichlorethan |

Im **Behälter 1** werden saure und alkalische Lösungen gesammelt. Der Inhalt von Behälter 1 sollte neutralisiert werden, bevor der Behälter ganz gefüllt ist. Der neutralisierte Inhalt kann dann in den Ausguss geschüttet werden. Deshalb dürfen giftige Verbindungen wie saure oder alkalische Chromat-Lösungen *nicht* in diese Behälter gegeben werden.

Im **Behälter 2** werden giftige anorganische Stoffe wie Schmermetallsalze und Chromate gesammelt.

Im **Behälter 3** werden wasserunlösliche und wasserlösliche halogenfreie organische Stoffe gesammelt.

In den **Behälter 4** gehören alle Halogenkohlenwasserstoffe, alle sonstigen halogenhaltigen organischen Stoffe sowie die Abfälle aus Halogenierungsreaktionen organischer Stoffe.

Die endgültige Entsorgung der Behälter 2, 3 und 4 muss durch ein Entsorgungsunternehmen erfolgen.

# Inhaltsverzeichnis

# Wegweiser durch Blickpunkt Chemie

|2| Mischen und Trennen in Alltag und Technik

Jedes Hauptkapitel beginnt mit einer **Einstiegsseite**. Große Abbildungen und kurze Texte sollen das Interesse am neuen Kapitel wecken.

Die **Aufgaben** sind mit Begriffen gekennzeichnet (wie „Experiment", „Alltag", „Theorie"), damit man rasch erfasst, worum es geht. **Fragen zum Text** unterstützen beim Erschließen des Info-Textes.

**Informationstexte** und Abbildungen vermitteln die wesentlichen Inhalte zu einem Thema. Am Ende stehen die optisch hervorgehobenen **Zusammenfassungen**. Die Informationstexte bilden zusammen mit den Aufgaben den roten Faden des Buches.

**Exkurse** bieten vielfältige Möglichkeiten zur Differenzierung. Exkurse zu Alltag, Technik, Medizin oder Umwelt erweitern ein Thema. Theorie-Exkurse vertiefen den Unterrichtsstoff.

**Pinnwände** bringen anwendungsorientierte Arbeitsmaterialien in motivierender Form.

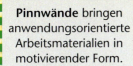

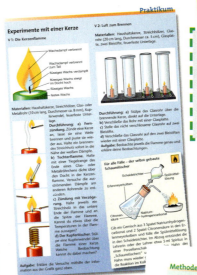

Im **Praktikum** werden Schülerversuche so ausführlich beschrieben, dass sie weitgehend selbstständig durchgeführt werden können.

**Methoden-Seiten** vermitteln Lern- und Arbeitstechniken in Form von konkreten Beispielen.

Im **Trainer** kann man den Lernstoff eines Kapitels üben, anwenden und überprüfen.

Das **Basis-Wissen** fasst knapp und übersichtlich die wichtigsten Inhalte eines Kapitels zusammen – ideal zum Lernen und Wiederholen des Stoffes.

# Hinweise zum Experimentieren

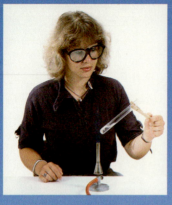

**1** Chemieräume dürfen nur in Gegenwart einer Aufsichtsperson betreten werden. In Chemieräumen darf nicht gegessen und getrunken werden.

**2** Alle Experimente dürfen grundsätzlich nur mit einer Schutzbrille ausgeführt werden! Beim Umgang mit offenen Flammen sind die Haare so zu tragen, dass sie nicht in die Flammen geraten können.

**3** Die Versuchsanleitung muss vor Beginn eines Versuches sorgfältig gelesen oder besprochen werden. Sie muss genau befolgt werden.

**4** Alle benötigten Geräte und Chemikalien werden vor der Durchführung des Versuches bereitgestellt. Ohne Genehmigung des Lehrers dürfen Geräte und Chemikalien nicht berührt werden.

**5** Die Geräte müssen in sicherer Entfernung von der Tischkante standfest aufgebaut werden. Der Arbeitsplatz soll sauber und aufgeräumt sein. Die Geräte werden nach der Beendigung des Versuchs gereinigt und wieder weggeräumt.

**6** Geschmacksproben dürfen nicht durchgeführt werden. Den Geruch stellt man nur auf besondere Weise durch vorsichtiges Zufächeln fest. Chemikalien fasst man nicht mit den Fingern an.

**7** Chemikalien dürfen nur in Gefäßen aufbewahrt werden, die eindeutig und dauerhaft beschriftet sind und die vorgeschriebenen Gefahrensymbole aufweisen. Gefäße, die üblicherweise zur Aufnahme von Speisen oder Getränken bestimmt sind, dürfen auf keinen Fall für Chemikalien verwendet werden.

**8** Bei chemischen Versuchen arbeitet man möglichst mit wenig Chemikalien, so wie es in der Versuchsanleitung angegeben ist. Nach dem Gebrauch werden Chemikaliengefäße sofort wieder verschlossen.

**9** Chemikalienreste gibt man nicht in die Vorratsgefäße zurück. Sie werden in besonderen Abfallbehältern gesammelt (Behälter B1–B4). Reste dürfen nur auf Hinweis des Lehrers in den Papierkorb oder Ausguss gegeben werden.

|  |  |  |  |  |  |
|---|---|---|---|---|---|
| **T +** sehr giftig **T** giftig | **Xn** gesundheitsschädlich **Xi** reizend | **C** ätzend | **F +** hoch entzündlich **F** leicht entzündlich | **O** brandfördernd | **N** umweltgefährlich |

# |1| Stoffe und ihre Eigenschaften

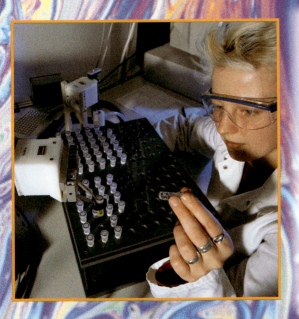

Bei dem Seifenblasenkünstler vermutet der Zuschauer Zauberei. Doch es ist kein Trick, sondern das chemische Wissen, das ihm hilft: die Kenntnis über Stoffe und ihre Eigenschaften. So weiß er, wie die Seifenblasenlösung beschaffen sein muss, um damit besonders große und stabile Blasen formen zu können.

Chemikerinnen und Chemiker beschäftigen sich ständig mit Stoffen. Sie untersuchen deren Eigenschaften und stellen aus bekannten Stoffen neue Stoffe her. Wer sich nun fragt, was unser Alltag mit Chemie zu tun hat, braucht sich nur umzuschauen: Chemie ist überall!

Chemie gehört wie die Biologie und die Physik zu den **Naturwissenschaften.**
Chemikerinnen und Chemiker beschäftigen sich mit den Eigenschaften und der Veränderung von „**Stoffen".** Chemische Stoffe findet man überall. Die meisten davon gewinnt der Mensch direkt aus der Natur.

**Medikamente** zählen zu den wichtigsten Errungenschaften der Chemie. Antibiotika, Kopfschmerztabletten oder die Antibabypille sind chemische Produkte.

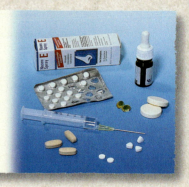

Steinsalz

Steinkohle

Eisenerz

Im Boden lagern viele wertvolle Chemikalien, zum Beispiel die **fossilen Brennstoffe** Kohle, Erdöl und Erdgas. Außerdem holt man **Erze** für die Metallherstellung, **Kochsalz** sowie **Düngesalze** für die Landwirtschaft aus dem Boden.

*Im Chemieunterricht machen wir bestimmt viele Experimente!*

*Ich glaube nicht, dass ich mir alle chemischen Formeln merken kann!*

*Beim Experimentieren müssen wir vorsichtig sein und immer eine Schutzbrille tragen.*

*Die Chemie verbessert ständig unseren Lebensstandard. Ohne Chemie würden wir doch heute noch wie im Mittelalter leben!*

Die grünen Pflanzen wandeln **Kohlenstoffdioxid** aus der Luft und Wasser in **Zucker** und **Sauerstoff** um. Dieser chemische Vorgang heißt Fotosynthese. Sie schafft die Grundlage für das Leben auf der Erde!

**Wasser** brauchen wir zum Leben. Für die Chemie aber auch im Haushalt ist es das wichtigste **Lösemittel.** Auch über die besonderen Eigenschaften des Wassers wirst du im Chemieunterricht etwas erfahren.

Aus Pflanzen gewinnt man **Duftstoffe** für die Parfümherstellung.
Bei der Herstellung von Hautcremes werden natürliche und synthetische Stoffe gemischt.

*Ohne die chemische Industrie wäre mein Vater abeitslos!*

*Endlich lerne ich etwas Nützliches für meinen späteren Beruf als Kosmetikerin.*

*Luftverschmutzung, Ölpest, Chemieunfälle, … „Chemie" macht mir Angst.*

*Die komplizierten Versuchsaufbauten versteht doch kein Mensch!*

Ohne **Kunststoffe** müssten wir auf viele Annehmlichkeiten im Alltag verzichten.

Wie sähe die Welt ohne Farben aus? **Farbstoffe** für Textilien, **Lacke** für Autos und **Dispersionsfarben** für Wände und Decken sind Chemikalien, die jeder nutzt.

Moderne **Kunstfasern** wie Mikrofasern machen Kleidung wetterfest und dennoch luftdurchlässig.

Alle **Lebensvorgänge**, etwa Atmung, Verdauung und Wachstum sind mit chemischen Vorgängen verbunden. Jedes Lebewesen ist also ein kompliziertes lebendes Chemielabor.

Der Chemie verdanken wir eine Vielzahl moderner Techniken und lebenswichtiger Erfindungen. In Zeitungen werden oft nur die negativen Aspekte der Chemie diskutiert.
Informiere dich über eines der folgenden Themen und stelle deine Ergebnisse der Klasse vor.

Treibhausgase

Saurer Regen

Pestizide

Ozonloch

Luftverschmutzung

Tanker-Unglück

# Chemische Industrie in Sachsen

In Sachsen gibt es einige der ältesten und traditionsreichsten Standorte Deutschlands. Ursache für deren Entstehung und Entwicklung waren vor allem günstige natürliche Voraussetzungen. Es gab Rohstoffe wie Erze, Steinkohle und Braunkohle.

Nach 1990 gingen die Zahl der Standorte und die Zahl der Beschäftigten in der chemischen Industrie zunächst stark zurück. Nach der Privatisierung und Modernisierung der ehemals staatlichen Betriebe verfügen die heutigen Industriebetriebe über moderne und umweltfreundliche Anlagen.

Zukunftsweisende Produkte wie Silicium zur Chipherstellung aber auch Silicon für die Bauindustrie kommen aus Nünchritz bei Riesa. Porzellan aus Meißen und Arzneimittel aus Dresden sind über die Grenzen Sachsens bekannt. In Böhlen bei Leipzig werden wichtige Vorprodukte für die Chemieindustrie gewonnen. Ethen und Propen werden in großen Mengen vor allem für die Herstellung von Kunststoffen benötigt.

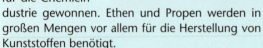

◀ ▲ *1 Ausbildung in der chemischen Industrie*

1. Informiere dich über Chemiebetriebe deiner Region. Finde heraus, was dort hergestellt wird.

2. a) Suche für drei Produktionsgebiete in der Chemie (Abb. 2) Beispiele aus dem Alltag. Bringe zur nächsten Chemiestunde Stoffproben von zu Hause mit.

b) Überlege, in welchen Arbeitsgebieten Facharbeiter in der chemischen Industrie arbeiten könnten.

▼ *2 Produktionsgebiete in der Chemie*

| Wichtige Produktionsgebiete (in Prozent) | Wert der Produkte |
|---|---|
| Arzneimittel | 20 |
| Kunststoffe u. synth. Kautschuk | 18 |
| Organische Grundstoffe | 17 |
| Spezialchemikalien, darunter: | 25 |
| • Farben, Lacke | 7,6 |
| • Farbstoffe u. Pigmente | 3,7 |
| • Fotochem. Erzeugnisse | 1,5 |
| • Klebstoffe u. Gelatine | 1,4 |
| • Verschiedenes | 10,8 |
| Wasch- und Körperpflegemittel | 9 |
| Anorganische Grundstoffe | 5 |
| Pflanzenschutz und Düngemittel | 4 |
| Chemiefasern | 2 |

▼ *3 Arbeitsplatz Chemie*

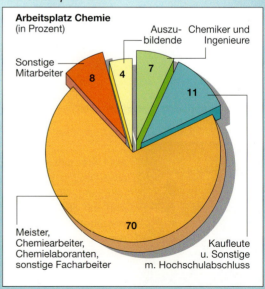

**Arbeitsplatz Chemie** (in Prozent)

Sonstige Mitarbeiter — 8
Auszubildende — 4
Chemiker und Ingenieure — 7
11
70
Meister, Chemiearbeiter, Chemielaboranten, sonstige Facharbeiter
Kaufleute u. Sonstige m. Hochschulabschluss

In **Nünchritz bei Riesa** werden die verschiedensten Silicium-Produkte hergestellt. Man verwendet sie vor allem in der Bau-, Textil-, Kunststoff- und der Elektronikindustrie, in der chemischen Industrie und im Automobilbau.

Das Kraftwerk in **Lippendorf** produziert für Leipzig und Umgebung Energie in Form von Wärme und Strom. Die dafür pro Jahr benötigten 10 Millionen Tonnen Braunkohle werden im angrenzenden Tagebau gefördert.

Arzneimittelwerke in **Dresden** verfügen über moderne Produktionsstätten. Hier werden Wirkstoffe zu Tabletten, Dragees, Filmtabletten und Kapseln verarbeitet.

In **Böhlen** werden aus Erdölfraktionen und Flüssiggas chemische Grundstoffe wie Ethen, Propen, und Butadien hergestellt, die zur Weiterverarbeitung zu Kunststoffen benötigt werden.

Anfang des 18. Jahrhunderts gelingt es in Sachsen erstmals, weißes Porzellan herzustellen. 1710 wird daraufhin die Porzellanmanufaktur in **Meißen** gegründet. Sie stellt noch heute in sächsischer Tradition Porzellan her.

**Stoffe im Alltag.** Wenn sich Leute darüber unterhalten, welche „Stoffe" in der neuen Wintermode verwendet werden, weißt du sofort, dass *Textilien* gemeint sind. Stoffe sind Gewebe beispielsweise aus Wolle, Baumwolle, Seide oder Polyamid, die auch noch unterschiedlich gewebt und gefärbt sind.

**Stoffe in der Chemie.** In der Chemie hat der Begriff **Stoff** eine viel allgemeinere Bedeutung als in der Textilindustrie. Er bezeichnet das **Material**, aus dem ein Gegenstand besteht. Ein Schlüssel zum Beispiel ist aus dem Stoff Eisen, ein Jogurtbecher aus dem Stoff Polystyrol hergestellt. Ein Stück Kandiszucker ist weiter nichts als kristallisierter Zucker.

Jogurtbecher können auch aus anderen Stoffen bestehen. So findet man im Lebensmittelregal Gefäße für Jogurt auch aus dem Kunststoff Polypropen oder aus Glas. Gefäße für die gleiche Verwendung können also aus *unterschiedlichen Stoffen* hergestellt werden.

Oft sind auch *unterschiedliche Gegenstände* aus dem *gleichen Stoff* hergestellt. So bestehen die unten abgebildeten Figuren alle aus dem Stoff Schokolade, sie unterscheiden sich aber in der Form.

Schlüssel, Kunststoffbecher oder ein Stück Kandiszucker sind wie alle anderen Gegenstände für den Physiker **Körper.** Sie unterscheiden sich in ihrer *Form* und dem *Stoff (Material),* aus dem sie hergestellt sind.

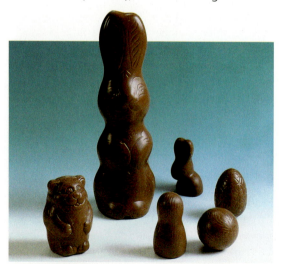
▲ *2 Schokoladenfiguren: gleicher Stoff, aber unterschiedliche Formen*

Um einen Gegenstand (Körper) genauer zu beschreiben, kann man neben dem *Stoff,* aus dem er besteht, auch seine Form angeben. So spricht man von einem Eisenschlüssel, einer Glaskugel oder einem Kunststoffbecher. Jeder dieser Körper besteht nur aus *einem Stoff* (Material).

Inlineskater dagegen bestehen aus *verschiedenen Stoffen.* Der Schuh besteht aus weichen Kunststoffen, die Halterung aus festem unempfindlichen Kunststoff. Die Räder sind aus elastischem Gummi, die Achsen und Kugellager sind aus Stahl.

**Stoffgruppen.** In unserer Umwelt begegnet uns eine Vielzahl von Stoffen. Um diese zu ordnen, werden sie in **Stoffgruppen** eingeteilt. Alle Stoffe einer Gruppe haben eine oder mehrere **gemeinsame Eigenschaften,** die für ihre Verwendung von Bedeutung sind. So unterscheidet man z. B. brennbare und unbrennbare oder durchsichtige und undurchsichtige Stoffe.

> Körper unterscheiden sich in ihrer Form und dem Stoff, aus dem sie bestehen.
> Um die Vielzahl der Stoffe zu ordnen, teilt man sie in Stoffgruppen ein.

**1** **Fragen zum Text**

**a)** Was ist ein Körper?
**b)** Nenne fünf verschiedene Stoffe.
**c)** Warum bildet man Stoffgruppen?

**2** **Alltag**

**a)** Aus welchen Stoffen werden Nägel hergestellt? Gib Gründe an, warum man verschiedene Stoffe verwendet.
**b)** In deiner Schultasche findest du verschiedene Gegenstände. Notiere, aus welchen Stoffen sie bestehen.
**c)** Die Waren eines Supermarktes sind in Stoffgruppen geordnet. So findet man in einem Regal nur Haarpflegemittel. Nenne noch andere Stoffgruppen, die du in einem Supermarkt findest.

## Vielfalt der Stoffe

Wenn man in einem Baumarkt einen Kleber sucht, so ist man über die Vielzahl der angebotenen **Klebstoffe** überrascht. Alleskleber, Sekundenkleber, Holzleim, Tapetenkleister und viele andere Produkte sind dort zu finden.

**1.** Man kann Klebstoffe in Lösungsmittelklebstoffe, Schmelzkleber oder Zweikomponentenkleber einteilen. Erdkundige dich, wo diese Kleber eingesetzt werden.
**2.** Welche Sicherheitsvorschriften sind beim Arbeiten mit einem Sekundenkleber zu beachten?

Medizinische **Wirkstoffe** dienen zur Behandlung und Vermeidung von Krankheiten. Ein vielseitig eingesetzter Wirkstoff ist zum Beispiel Acetylsalicylsäure (ASS).

**Schmerztablette**

Wirkstoff: **Acetylsalicylsäure**

**30** Bei Schmerzen und Fieber Tabletten N2

**6.** Erkundige dich, in welcher Art Arzneimittel dieser Wirkstoff enthalten ist.
**7.** Suche drei verschiedene Medikamente und schreibe die Namen der Wirkstoffe auf.
**8.** Schau in den Beipackzettel eines Arzneimittels. Was für Stoffe sind dort, neben den Wirkstoffen, oft auch noch enthalten?

Alles aus besten Rohstoffen hergestellt

Zur Herstellung von Produkten verschiedenster Art benötigt man **Rohstoffe**.

**3.** Um Brot herzustellen, benötigt der Bäcker verschiedene Rohstoffe. Zähle mindestens drei davon auf.
**4.** Für den Betrieb einer Hochofenanlage zur Gewinnung von Eisen braucht man Eisenerze, Koks und Kalk in großen Mengen. Warum findet man Hochofenanlagen häufig an großen Flüssen oder Kanälen?
**5.** Erkundige dich, welche Rohstoffe zur Herstellung von Glas benötigt werden.

**Brennstoffe** nennt man alle Stoffe, die im Haushalt oder in der Industrie zur Wärmeerzeugung verbrannt werden. Da es in Deutschland kaum noch Ofenheizungen gibt, kommen wir mit Brennstoffen immer seltener direkt in Berührung. Anders sieht es in vielen Entwicklungsländern aus. Den Bewohnern der Sahara stehen Holz oder andere Brennstoffe nur in geringen Mengen zur Verfügung. Sie verwenden deshalb getrockneten Kamelmist, um sich in kalten Nächten zu wärmen.

**9.** Zähle alle Brennstoffe auf, die du kennst.
**10.** Bei der Verbrennung von Brennstoffen entstehen Schadstoffe, die die Luft verunreinigen. Informiere dich im Internet oder in Chemiebüchern über die wichtigsten Luftschadstoffe.

*Flamme eines Ölbrenners im Heizkessel* ▼

# |1.3| Stoffe erkennen mit unseren Sinnesorganen

Im Alltag benutzen wir unsere Sinne, um Gegenstände und Stoffe zu erkennen.

**Sehen.** Bei einem gelben Metall mit glänzender Oberfläche kann es sich um Gold handeln. Ein matt-schwarzes Pulver ist vielleicht Ruß. Unsere Augen erfassen gleich mehrere wichtige Eigenschaften. Sie erkennen Farben und sehen, ob ein Stoff glänzt oder matt ist, ob es sich um ein Pulver oder um regelmäßig geformte Kristalle handelt. Sie können die Form und die Oberflächenbeschaffenheit eines Stoffes feststellen.

Doch allein durch Hinschauen können wir nicht immer eindeutig bestimmen, um welchen Stoff es sich handelt.

**Riechen.** Viele Lebensmittel haben einen typischen Geruch. So gelingt es leicht, Essig von Knoblauch zu unterscheiden. Auch viele Chemikalien im Labor erkennt man an ihrem Geruch. Untersucht ein Chemiker einen unbekannten Stoff, riecht er sehr vorsichtig daran. Dieses Zufächeln bezeichnet man als „chemisches Riechen".

**Schmecken.** In der Küche kannst du verschüttetes Mehl, Puderzucker oder Backpulver leicht durch eine Geschmacksprobe unterscheiden.

Doch das gelingt nur bei wenigen Stoffen.

Im **Labor** darfst du außerdem **niemals Geschmacksproben** vornehmen, da viele Chemikalien giftig sind!

**Hören.** Klirr! – beim Abtrocknen fällt dir ein teures Glas auf die Fliesen. Schon von Weitem hört deine Mutter, dass es sich dabei nicht um die Plastikbecher handelt. Es gibt einen Riesenkrach.

Tatsächlich kann man viele Stoffe schon am Klang unterscheiden. Stößt man mit Trinkgefäßen aus Glas an, hört sich das anders an als bei Gefäßen aus Keramik oder Kunststoff.

**Tasten.** Durch Tasten erkennt man die Oberflächenbeschaffenheit eines Stoffes. Sie kann zum Beispiel rau oder glatt, fein- oder grobporig sein.

Eisen fühlt sich kühler an als Holz, denn Eisen ist ein guter Wärmeleiter und leitet die Körperwärme der Hand schnell ab. Holz und Glas dagegen leiten die Wärme schlecht. Sie fühlen sich eher warm an.

**1–5** ▶
*Unsere Sinnesorgane nehmen unterschiedliche Stoffeigenschaften wahr: Sehen, Riechen, Schmecken, Hören, Tasten.*

Mit unseren Sinnesorganen sehen, riechen, schmecken, hören und ertasten wir eine Vielzahl von Stoffeigenschaften. Nicht immer reicht das aus, um einen Stoff eindeutig zu erkennen. Geschmacksproben im Labor sind verboten.

## Auf die Härte kommt es an

Tim unternimmt mit seinen Freunden eine Geländefahrt mit dem Mountainbike. Danach hat er Mühe, sein Fahrrad wiederzuerkennen und er beschließt es zu putzen. Hartnäckige Verschmutzungen kann er mit dem praktischen Scheuerschwamm entfernen. Nach einer halben Stunde ist sein Mountainbike sauber. Dennoch ist Tim wütend: Der ehemals strahlende Lack ist matt und voller feiner Kratzer!

Tim hat die Stoffeigenschaft **Härte** nicht beachtet. Dieses Missgeschick kommt im Alltag sehr häufig vor. Schnell sind Brillengläser beim Putzen verkratzt. Der härtere Stoff ritzt den weicheren Stoff – und der Scheuerschwamm ist eben härter als der Fahrradlack.

Mithilfe der *Härteskala*, die 1825 von FRIEDRICH MOHS erstellt wurde, kann man Stoffe nach ihrer Ritzhärte ordnen. Die unterschiedliche Härte wird mit den Ziffern 1 bis 10 ausgedrückt. Speckstein (Abb. oben) hat die Härte 1. Er ist sehr weich und kann deshalb leicht verarbeitet werden. Zum Schneiden von Glas (Härten zwischen 4 und 6) benötigt man bereits spezielle Glasschneider. Der Diamant ist mit der Härte 10 der härteste Stoff und kann zum Schneiden oder Schleifen aller anderen Stoffe verwendet werden (Abb. links).

**1** **Fragen zum Text**

**a)** Welche Stoffeigenschaften können wir mit unseren Sinnen erkennen?
**b)** Mit welchem Sinnesorgan nehmen wir am meisten Eindrücke wahr?
**c)** Mit den Sinnesorganen allein kann man einen Stoff nicht immer eindeutig bestimmen. Wann brauchen wir andere Methoden zur Stoffunterscheidung?
**d)** Warum darfst du niemals eine Geschmacksprobe im Labor durchführen?

**2** **Experiment**

Zucker und Kochsalz lassen sich auch ohne Geschmacksprobe an den unterschiedlichen Kristallformen erkennen.
Betrachte Zucker- und Kochsalzkristalle unter einer Lupe oder einem Mikrokop und beschreibe ihr Aussehen.

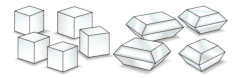

**3** **Experiment**

In sechs Behältern befinden sich Essig, Muskat, Wasser, Kaffeepulver, Currypulver und Zimt.
Prüfe ihren Geruch mit verbundenen Augen durch vorsichtiges Zufächeln. Verschließe die Behälter nach jeder Geruchsprobe und notiere die Stoffe, die du erkannt hast.

**4** **Experiment**

**a)** Versuche gleich große Kugeln aus Holz, Stahl, Kork und Styropor mit verbundenen Augen durch Tasten mit den Fingerspitzen zu unterscheiden. Beschreibe, woran du die Stoffe erkannt hast.
**b)** Versuche die Kugeln mit verbundenen Augen mithilfe deines Gehörs zu unterscheiden.

**5** **Biologie**

Fledermäuse können sich mithilfe von Ultraschall im Raum orientieren. Viele Tiere und Pflanzen besitzen Sinnesorgane, mit denen sie weitere Reize aus der Umwelt wahrnehmen können.
Informiere dich hierüber in Biologiebüchern, Lexika und im Internet.

# |1.4| Stoffeigenschaften kann man messen

Im Alltag wie in der Chemie hat man es mit Hunderten von Stoffen zu tun, die sehr ähnlich aussehen. So sind die meisten Flüssigkeiten farblos. Fast alle Salze aus dem Chemikalienschrank sehen weiß aus. Wehe, wenn da das Etikett fehlt!

Zur genauen Unterscheidung muss man also weitere Stoffeigenschaften heranziehen. Gut geeignet sind Eigenschaften, die man messen und durch Zahlenwerte festlegen kann.

| Stoff | Schmelztemperatur in °C (bei 1013 hPa) | Siedetemperatur in °C (bei 1013 hPa) | Dichte in g/cm³ (bei 0 °C) |
|---|---|---|---|
| Sauerstoff | – 219 | – 183 | 0,0013 |
| Propangas | – 188 | – 42 | 0,002 |
| Alkohol | – 114 | 78 | 0,785 |
| Wasser | 0 | 100 | 1,0 |
| Stearinsäure | 71 | 376 | 0,845 |
| Schwefel | 119 | 444 | 2,0 |
| Kaliumnitrat | 337 | (zerfällt) | 2,1 |
| Kochsalz | 801 | 1465 | 2,2 |
| Magnesium | 650 | 1105 | 1,7 |
| Aluminium | 660 | 2450 | 2,7 |
| Silber | 961 | 2150 | 10,5 |
| Eisen | 1537 | 3000 | 7,86 |
| Wolfram | 3410 | 5930 | 19,3 |

▲ 3 Messbare Eigenschaften einiger Stoffe

**Schmelztemperatur.** Erwärmt man festes Eis, schmilzt es bei 0 °C und wird flüssig. Die Temperatur bleibt während des Schmelzens unverändert. Entsprechend erstarrt Wasser bei 0 °C und wird zu Eis.

**Siedetemperatur.** Erhitzt man flüssiges Wasser, kann man beobachten, dass Gasblasen aus dem Innern der Flüssigkeit nach oben steigen. Bei einer Temperatur von 100 °C siedet das Wasser. Die Temperatur steigt dann nicht weiter an.

Schmelz- und Siedetemperatur eines Stoffes sind vom Luftdruck abhängig. In einem Schnellkochtopf kocht beispielsweise das Wasser unter *erhöhtem Druck* erst bei 120 °C. Speisen werden dadurch schneller gar. Auf der Zugspitze hingegen kocht das Wasser unter *vermindertem Druck* bereits bei 90 °C. In Tabellen beziehen sich die Angaben für die Schmelz- und Siedetemperatur deshalb stets auf einen einheitlichen Druck, den sogenannten Norm-

druck (1013 Hektopascal). Nur so kann man die gewonnenen Werte vergleichen.

Im chemischen Labor gibt es neben Thermometern auch computergestützte Messsonden. Ein angeschlossener Computer erstellt so zeitgleich das dazugehörige Schmelz- oder Siedediagramm.

**Löslichkeit.** In Parfümerien gibt es eine Vielfalt an Badezusätzen, etwa Badesalz, Badetabletten oder Badekugeln in verschiedenen Größen. All diese Stoffe lösen sich gut in Wasser. Auch Flüssigkeiten und Gase sind oft wasserlöslich. So ist bei Bier und Wein Alkohol in Wasser gelöst. In Mineralwasser ist meistens das Gas Kohlenstoffdioxid gelöst.

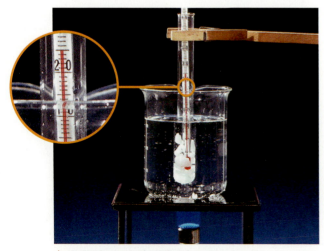

▲ 2 Bestimmung der Schmelztemperatur

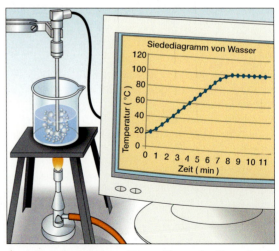

▲ 4 Siedediagramm von Wasser (Computer-Auswertung)

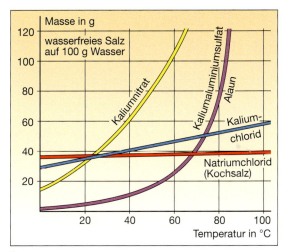

▲ 1 Löslichkeit bei verschiedenen Temperaturen

Es gibt aber auch Stoffe, die sich nicht in Wasser lösen. Hierzu gehören beispielsweise Fette und Öle. Ein Fettfleck lässt sich aber leicht mit Waschbenzin entfernen, denn Fett löst sich in Benzin. Nagellack löst sich in Aceton oder Brennspiritus.

In einem Lösemittel lassen sich aber nicht beliebig große Mengen eines anderen Stoffes lösen. So lösen sich in 100 g Wasser bei 20 °C höchstens 36 g Kochsalz. Dieser Wert wird als die **Löslichkeit** von Kochsalz bezeichnet. Die Lösung ist dann **gesättigt.** Gibt man noch mehr Kochsalz hinzu, löst es sich nicht mehr auf, sondern bleibt als **Bodensatz** liegen. Auch die Löslichkeit ist eine typische Stoff-

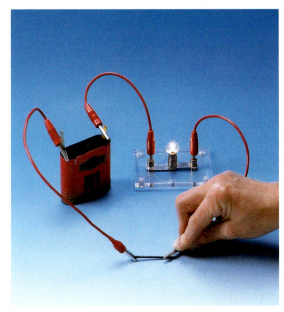

▲ 2 Test auf elektrische Leitfähigkeit

eigenschaft. Löslichkeitstabellen geben an, wie viel Gramm eines Stoffes sich in 100 g des Lösungsmittels gerade noch auflösen.

Die Löslichkeit **ändert sich** mit der **Temperatur.** Für die meisten Stoffe gilt: *je wärmer* das Lösemittel, *desto mehr* löst sich darin. So löst sich in Wasser mit 60 °C etwa dreimal so viel Kaliumnitrat wie in Wasser mit 20 °C.
*Gase* lösen sich dagegen *besser* bei *niedrigeren* Temperaturen. Die Löslichkeit von Gasen ist außerdem abhängig vom Druck. Unter einem höheren Druck lösen sich größere Mengen eines Gases in einer Flüssigkeit.

**Elektrische Leitfähigkeit.** Auch die elektrische Leitfähigkeit spielt bei der Erkennung eines Stoffes eine Rolle. So leiten Metalle den elektrischen Strom sehr gut. Kunststoffe dagegen leiten den elektrischen Strom nicht, sie isolieren. Aus diesem Grund werden sie als Kabelumhüllung und Gehäusematerial genutzt.

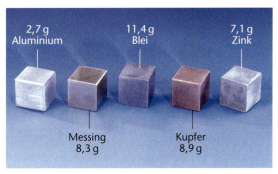

▲ 3 Metallwürfel mit dem Volumen 1 cm³

**Dichte.** Obwohl alle Würfel der Abbildung 3 gleich groß sind, haben sie doch unterschiedliche Massen. Die verschiedenen Stoffe haben nämlich eine unterschiedliche Dichte. Die Dichte besagt, welche Masse ein Kubikzentimeter eines Stoffes hat.
Man bestimmt die Dichte, indem man zuerst die Masse und das Volumen des Stoffes ermittelt. Anschließend teilt man die Masse (in g) durch das Volumen (in cm³) und erhält die Dichte des untersuchten Stoffes: Dichte = Masse : Volumen. Bei Gasen gibt man die Werte nicht in Gramm pro Kubikzentimeter, sondern in Gramm pro Liter an.

Siede- und Schmelztemperatur, Löslichkeit, elektrische Leitfähigkeit und Dichte sind wichtige messbare Stoffeigenschaften, die für jeden Stoff typisch sind.

**Fragen zum Text**

a) Nenne einige messbare Stoffeigenschaften.
b) Warum gibt man nur die Schmelz- und die Siede-temperatur eines Stoffes an und nicht auch seine Er-starrungs- und Kondensationstemperatur?
c) Nenne Stoffe, die sich schlecht oder gar nicht in Wasser lösen.
d) Auf welche Weise kann man meistens besonders viel eines Stoffes in Wasser lösen?
e) Wann ist eine Lösung gesättigt?

**2** **Alltag**

Bleibt ein wasserge-fülltes Glas länger stehen, bilden sich Gasblasen.
Woran liegt das?

**3** **Experiment**

Prüfe jeweils die Löslichkeit einer Spatelspitze Zucker, Kohlepulver, Salz, Margarine und etwas Speiseöl in verschiedenen Lösungsmitteln. Notiere deine Ergeb-nisse in einer Tabelle.

| Stoff | Wasser | Spiritus | Benzin |
|-------|--------|----------|--------|
| Zucker | + | + | − |

**4** **Experiment**

a) Untersuche mithilfe eines einfachen Stromkreises, ob zum Beispiel Kupfer, Holz, Eisen, Kunststoff oder Zucker den elektrischen Strom leiten.
b) Prüfe folgende Stoffe mit einem Magneten: Holz, Eisen, Papier, Messing, Aluminium und Nickel. Wel-che Stoffe werden von Magneten angezogen?

**5** **Alltag**

Warum benutzt man zum Abschminken oft eine fett-haltige Creme?

## Exkurs: Theorie

### Dichte

**Dichtebestimmung eines Feststoffes.** Wenn du wissen möchtest, ob die Silbergabel aus dem teuren Be-steck tatsächlich aus reinem Silber gefertigt ist, solltest du ihre Dichte bestimmen. Gehe dabei nach fol-genden Schritten vor:

**1. Bestimmung der Masse**

Masse: 31 g

**2. Bestimmung des Volumens**

Volumen: 3,5 cm³

**3. Berechnen der Dichte**

$$\text{Dichte} = \frac{\text{Masse}}{\text{Volumen}} = \frac{31\,g}{3,5\,cm^3} = 8,9\,\frac{g}{cm^3}$$

Die Dichte von Silber beträgt 10,5 g/cm³. Die untersuchte Gabel kann also nicht aus reinem Silber sein. Sie ist wahrscheinlich nur oberflächlich versilbert. Überlege, aus welchem Material sie hauptsächlich bestehen könnte.

# Wir arbeiten mit einem Tafelwerk

In den Naturwissenschaften werden die messbaren Eigenschaften von Stoffen oft in Tabellen aufgelistet. So ist ein gezieltes Nachschlagen bestimmter Daten wie zum Beispiel Dichte, Siedetemperatur, Schmelztemperatur und Aggregatzustand möglich.
Für die Chemie gibt es im **Tafelwerk** Tabellen zum Nachschlagen. Darin findest du eine Auswahl wichtiger Stoffe.

**Arbeit mit Tabellen.** Die Stoffe sind nach den großen Fachgebieten der Chemie eingeteilt, zum Beispiel in anorganische Stoffe und organische Stoffe. Jede Tabelle ist nach dem Alphabet geordnet, sodass du schnell den gewünschten Stoff finden kannst.

Bei der Angabe bestimmter Eigenschaften ist es wichtig, die im Kopf der Tabelle angegebenen Einheiten mitzuschreiben.
Die Bezeichnungen für die Aggregatzustände sind auszuschreiben.

**1.** Vergleiche anhand der vorgegebenen Tabelle die Schmelztemperaturen der Metalle Aluminium, Kupfer, Silber, Gold und Eisen miteinander.
Ordne die Stoffe nach ihrer Schmelztemperatur. Beginne mit dem Stoff, der die höchste Schmelztemperatur besitzt.

**2.** Nutze dein Tafelwerk.
**a)** Lege eine Tabelle an, in die du die Aggregatzustände und Dichten von Schwefel, Kohlenstoff, Sauerstoff, Stickstoff und Wasserstoff einträgst.
**b)** Überlege, warum die Dichteangaben unterschiedliche Einheiten haben.
**c)** Formuliere vergleichende Aussagen wie „Die Dichte von Blei ist größer als die Dichte von Magnesium."

**3.** In der Chemie werden Stoffe häufig in der Fachsprache genannt. Finde die umgangssprachlichen Bezeichnungen für Glucose, Saccharose, Ethansäure, Natriumchlorid, Methansäure.

| Name | Symbol/ Formel | Molare Masse M in g/mol (gerundet) | Aggregat- zustand | Dichte in g/cm³ bei 25 °C | Schmelz- temperatur in °C | Siede- temperatur in °C |
|---|---|---|---|---|---|---|
| Aluminium | Al | 27 | s | 2,70 | 660 | 2450 |
| Blei | Pb | 207 | s | 11,34 | 327 | 1750 |
| Eisen | Fe | 56 | s | 7,86 | 1537 | 2730 |
| Gold | Au | 197 | s | 19,3 | 1063 | 2700 |
| Kupfer | Cu | 64 | s | 8,96 | 1083 | 2350 |
| Magnesium | Mg | 24 | s | 1,74 | 650 | 1105 |
| Platin | Pt | 195 | s | 21,45 | 1770 | 3300 |
| Quecksilber | Hg | 201 | l | 13,53 | −39 | 357 |
| Silber | Ag | 108 | s | 10,50 | 961 | 2150 |
| Zink | Zn | 65 | s | 7,14 | 420 | 910 |
| Zinn | Sn | 119 | s | 7,28 | 232 | 2400 |

(Aggregatzustand: s = fest; l = flüssig; g = gasförmig)

# |1.5| Stoffe verändern sich beim Erhitzen

Svenja hängt ihre Jacke direkt neben dem warmen Heizkörper auf. Dabei vergisst sie, dass sich noch ein Schokoriegel in der Tasche befindet. Und den findet sie in der Pause gar nicht mehr so lecker …

▲ **1 Stoffe können sich beim Erhitzen verändern.**

Stoffe können sich mit zunehmender Temperatur verändern. Viele Kunststoffe *verformen* sich in der Hitze und können sich sogar *zersetzen* und unbrauchbar werden. Holz und Papier entzünden sich in einer Flamme und *verbrennen.*
Ein Glasstab wird in der Flamme weich, er *schmilzt,* und lässt sich leicht *verformen.* Die neue Form bleibt nach dem Abkühlen erhalten. Ein Magnesiastäbchen glüht in der Brennerflamme. Kühlt es sich wieder ab, ist es *unverändert.* Es schmilzt nämlich erst bei 2800 °C.

**Aggregatzustände.** Erwärmt man Eis, *schmilzt* es und wird zu flüssigem Wasser. Beim weiteren Erhitzen fängt es an zu *verdampfen; es siedet* bei 100 °C. Dabei bildet sich gasförmiger Wasserdampf. Wasserdampf ist *nicht* sichtbar. Die Nebel, die man über kochendem Wasser oder als Wolken am Himmel sieht, bestehen nicht aus Dampf; es sind winzige Wassertröpfchen. Sie entstehen, wenn der Wasserdampf abkühlt.
Beim Abkühlen *kondensiert* der Wasserdampf also wieder zu flüssigem Wasser. Kühlt man weiter ab, *erstarrt* es bei 0 °C zu festem Eis.
Diese verschiedenen Zustandsformen – **fest, flüssig, gasförmig** – nennt man auch Aggregatzustände. Sie sind abhängig von der Temperatur.

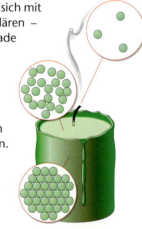

Die Aggregatzustände lassen sich mit dem *Kugelteilchenmodell* erklären – hier am Beispiel einer gerade ausgeblasenen Stearinkerze.
Im *festen* Stearin sind die Teilchen auf engem Raum regelmäßig angeordnet.
Im *flüssigen* Stearin sind sie ungeordnet und können sich gegeneinander verschieben.
Im *gasförmigen* Stearin sind sie weit voneinander entfernt und können sich frei bewegen.

Abhängig von der Temperatur nehmen Stoffe die Aggregatzustände fest, flüssig oder gasförmig ein.

▼ **2 Die Aggregatzustände und ihre Übergänge am Beispiel Wasser.**

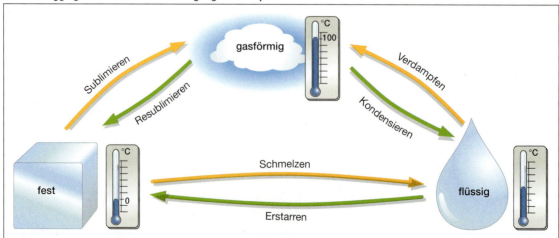

# Der Gasbrenner

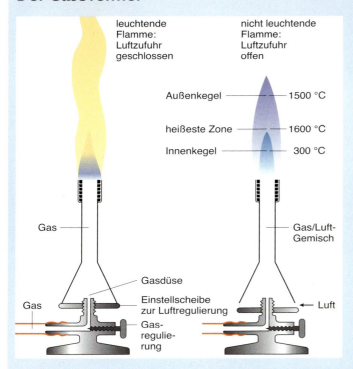

leuchtende Flamme: Luftzufuhr geschlossen

nicht leuchtende Flamme: Luftzufuhr offen

Außenkegel — 1500 °C

heißeste Zone — 1600 °C

Innenkegel — 300 °C

Gas

Gas/Luft-Gemisch

Gasdüse

Einstellscheibe zur Luftregulierung

Luft

Gas

Gasregulierung

**Vorbereitungen.** Trage eine Schutzbrille und binde lange Haare zusammen. Stelle den Brenner kippsicher auf eine feuerfeste Unterlage. Verbinde den Gasschlauch mit der Gaszuleitung am Tisch. Überprüfe, ob Luft- und Gasregler am Brenner geschlossen sind.

**Entzünden des Brenners.** Öffne den gelben Gashahn am Tisch. Öffne den Gasregler am Brenner durch leichtes Drehen und entzünde das entweichende Gas. Reguliere die gewünschte Gaszufuhr. Öffne die Luftzufuhr und stelle die gewünschte Brennerflamme ein.

## V 1: Untersuchungen an der Brennerflamme

**Materialien:** Brenner, Feuerzeug, Schutzbrille, Magnesiastäbchen.

**Durchführung: a)** Prüfe durch Verstellen des Luftreglers und des Gasreglers, wann eine leuchtende, eine nicht leuchtende und eine rauschende Flamme entsteht.

**b)** Halte ein Magnesiastäbchen erst in die leuchtende, dann in die nicht leuchtende und in die rauschende Flamme.

**c)** Halte das Magnesiastäbchen in verschiedene Höhen der rauschenden Flamme.

**Aufgaben: a)** Welche Brennerflamme ist heißer?

**b)** Wo ist die heißeste Zone der rauschenden Flamme?

## V 2: Sicheres Wasserkochen

**Material:** Reagenzglas, Reagenzglashalter, Brenner, Feuerzeug, Schutzbrille, Siedesteinchen, Wasser.

**Durchführung:** Fülle ein Reagenzglas zu einem Drittel mit Wasser. Gib ein Siedesteinchen hinzu und halte das Reagenzglas mit einer Klammer am oberen Ende. Erhitze das Wasser (an der Wasseroberfläche beginnend) in der nicht leuchtenden Flamme. Halte das Reagenzglas dabei etwas schräg und **achte darauf, dass die Öffnung nicht auf Personen gerichtet ist.** Schwenke es leicht, um das Wasser gleichmäßig zu erwärmen.

**Aufgaben: a)** Notiere deine Beobachtungen.

**b)** Schreibe die in der Durchführung genannten Regeln in dein Chemieheft.

## V 3: Glasfiguren

**Materialien:** Brenner, Feuerzeug, Schutzbrille, Glasrohre.

**Durchführung: a)** Nimm ein etwa 30 cm langes Glasrohr. Halte es an seinen Enden fest und erhitze es gleichmäßig in der heißesten Zone der rauschenden Flamme. Biege das Glasrohr vorsichtig, sobald es weich ist. Wenn du das auch an anderen Stellen des Glasrohrs machst, erhältst du eine Glasfigur.

**Vorsicht, Glas braucht lange, bis es abgekühlt ist!**

**b)** Schmelze ein Ende eines anderen Glasrohrs zu und erhitze es bis zum Glühen. Nimm das Glasrohr aus der Flamme und blase am kalten Ende vorsichtig in das Rohr hinein, bis eine kleine Glaskugel entsteht.

▲ 1 Kaum zu unterscheiden: Salz und Zucker

Salz und Zucker sehen äußerlich sehr ähnlich aus und haben doch ganz verschiedene Eigenschaften. Beide sind weiß und geruchslos, schmecken aber bekanntlich ganz anders.

Auch Gips, Mehl und Backpulver können leicht miteinander verwechselt werden, weil sie in einigen Eigenschaften ähnlich sind. Kennt man aber möglichst viele Eigenschaften dieser Stoffe ergibt sich eine *Kombination von Eigenschaften,* die ihn unverwechselbar macht. Man kann sagen, jeder Stoff hat eine Art „**Steckbrief**". Die Steckbriefe für Kupfer und Wasserstoff sind Beispiele dafür.

> Jeder Stoff hat eine Vielzahl von Eigenschaften. Mehrere Eigenschaften eines Stoffes zusammen ergeben seinen Steckbrief.

**Steckbrief Kupfer**

| | |
|---|---|
| Aussehen: | fest, glänzend, rötlich |
| Geruch: | geruchlos |
| Härte: | mit Nagel ritzbar |
| Verformbarkeit: | gut biegsam |
| elektr. Leitfähigkeit: | ja |
| Magnetisierbarkeit: | nein |
| Löslichkeit in Wasser: | nein |
| Dichte: | $8{,}93\ g/cm^3$ |
| Schmelztemperatur: | $1083\ °C$ |
| Siedetemperatur: | $2350\ °C$ |

▲ 3 Steckbrief für Kupfer

**1 Fragen zum Text**

**a)** Zähle einige ähnlich aussehende Stoffe auf.
**b)** Was ist ein Steckbrief in der Chemie?

**2 Experiment**

**a)** Untersuche Mehl, Puderzucker, Salz, Gipspulver und Backpulver auf folgende Eigenschaften hin: Geruch, Löslichkeit in Wasser, Verhalten bei Erwärmung, Kristallbildung. Zur Kristallbildung musst du nur wenige Tropfen der Lösungen auf einem Deckgläschen eintrocknen lassen und dann mit dem Mikroskop betrachten. Notiere deine Ergebnisse in Form einer Tabelle.
**b)** Erstelle für einen der Stoffe einen Steckbrief.

**3 Experiment**

Gesucht wird eine farblose Flüssigkeit, die sich gut in Wasser löst und einen säuerlichen Geruch hat. Man begegnet ihr im Haushalt als Reinigungsmittel, Konservierungsmittel und Speisewürze.

**4 Theorie**

**a)** Welche Eigenschaften hat Eisen?
**b)** Wie kann man Kupfer und Aluminium voneinander unterscheiden?

**WASSERSTOFF ist:**
– ein farbloses, geruchloses Gas
– brennbar, bildet mit Sauerstoff explosive Gemische
– leichter als Luft
– hat eine Siedetemperatur von $-252{,}8\ °C$
– hat eine Schmelztemperatur von $-259{,}3\ °C$
– Verwendung zusammen mit Sauerstoff als Raketentreibstoff

▲ 2 Steckbrief für Wasserstoff

**1** Vor dir liegen drei Stoffproben. Eine davon ist Kochsalz, eine Puderzucker und eine Gips. Wie kannst du die drei Stoffe eindeutig voneinander unterscheiden? Denke daran, dass du keine Geschmacksproben durchführen darfst.

**2** Stelle mit Hilfe des Tafelwerks einen Steckbrief für das Element Zinn auf.

**3** Wie kann man eine Goldmünze von einer vergoldeten Kupfermünze unterscheiden?

**4** Beim Backen benutzt man häufig Messbecher zum „abwiegen" von Mehl und Zucker. Erkläre, warum es für Mehl und Zucker zwei verschiedene Skalen am Becher gibt.

**5** In den vier Reagenzgläsern sind jeweils zwei der Stoffe Wasser, Benzin, Pflanzenöl und Zucker enthalten. Überlege, welche Paare sich in den verschiedenen Gläsern befinden.

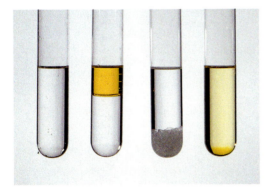

**6** Auf welchen Stoff trifft folgende Eigenschaftskombination zu?
Schmelztemperatur 961 °C, Siedetemperatur 2150 °C, Dichte 10,5 g/cm³, glänzend.

**7** Begründe, ob die folgenden Sätze richtig oder falsch sind:
**a)** Jeder Festkörper hat ein bestimmtes Volumen und eine bestimmte Masse.
**b)** Jeder Stoff ist an drei Eigenschaften sicher zu erkennen.

**8** Nimmt man ein Kühlelement aus dem Tiefkühlfach, bildet sich innerhalb weniger Minuten Raureif daran.
**a)** Erkläre diesen Vorgang.
**b)** Was geschieht, wenn man das Kühlelement längere Zeit liegen lässt?

**9** In vielen Haushalten stellt man selbst Sprudelwasser her. Dabei wird Kohlenstoffdioxid unter Druck aus einer Stahlpatrone in das Leitungswasser eingelassen.
**a)** Was passiert dabei mit dem Kohlenstoffdioxid?
**b)** Warum ist es empfehlenswert, die Flasche mit dem Wasser zunächst in den Kühlschrank zu stellen und das Gas dann in gekühltes Wasser zu leiten?

**10** Die Übersicht bezieht sich auf die Aggregatzustände von Wasser.
Zeichne die Grafik ab und ergänze sie mit Temperaturangaben und 4 Begriffen.

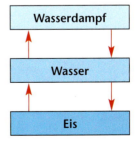

**11 a)** Was versteht man unter der Dichte eines Stoffes?
**b)** 5 dm³ Sand wiegen 13 kg. Wie groß ist die Dichte von Sand?

# Basis-Wissen

→ **Stoffe in der Chemie:** In der Chemie bezeichnet der Begriff „Stoff" das **Material**, aus dem ein Gegenstand besteht, zum Beispiel Glas, Eisen oder Holz.

→ **Stoffeigenschaften:** Stoffe erkennt man an ihren Eigenschaften. Einige kann man mit den Sinnesorganen ermitteln, für andere benötigt man Hilfsmittel.

| Ermitteln mit den Sinnen | Farbe, Form, Oberfläche, Glanz | Geruch | Geschmack | Klang | Wärmeleit-fähigkeit, Oberfläche |
|---|---|---|---|---|---|
| |  |  |  |  |  |

| Ermitteln mit Hilfsmitteln | Schmelztemperatur, Siedetemperatur, Brennbarkeit | Löslichkeit | Dichte | Härte | elektrische Leitfähigkeit |
|---|---|---|---|---|---|

→ **Dichte:** Sie gibt an, welche Masse 1 Kubikzentimeter eines Stoffes hat:

$$\text{Dichte} = \frac{\text{Masse}}{\text{Volumen}} \qquad \text{Einheit: } \frac{g}{cm^3} \text{ oder: } \frac{g}{l}$$

→ **Löslichkeit:** Die Löslichkeit gibt an, wie viel Gramm eines Stoffes sich in 100 g Wasser lösen lassen. Dann liegt eine **gesättigte Lösung** vor.

→ **Aggregatzustände:** Stoffe können je nach Temperatur fest, flüssig oder gasförmig sein. Jeder Stoff besitzt eine ganz bestimmte **Schmelztemperatur** und eine ganz bestimmte **Siedetemperatur**.

→ **„Steckbrief":** Jeder Stoff lässt sich durch eine charakteristische Kombination von Eigenschaften beschreiben. Stoffe mit ähnlichen Eigenschaften kann man in **Stoffgruppen** zusammenfassen.

**Steckbrief Eisen**

| | |
|---|---|
| Aussehen: | fest, grau |
| Geruch: | geruchlos |
| Härte: | hart |
| elektr. Leitfähigkeit: | ja |
| Magnetisierbarkeit: | ja |
| Löslichkeit in Wasser: | nein |
| Schmelztemperatur: | 1535 °C |

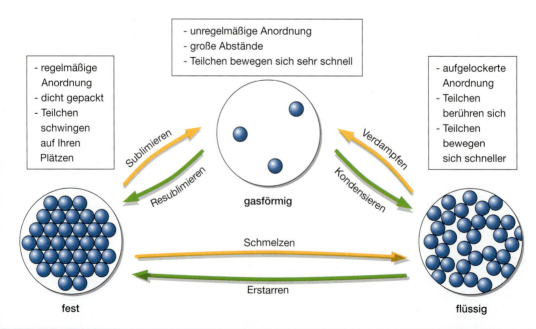

- unregelmäßige Anordnung
- große Abstände
- Teilchen bewegen sich sehr schnell

- regelmäßige Anordnung
- dicht gepackt
- Teilchen schwingen auf Ihren Plätzen

- aufgelockerte Anordnung
- Teilchen berühren sich
- Teilchen bewegen sich schneller

Sublimieren / Resublimieren / gasförmig / Verdampfen / Kondensieren / Schmelzen / Erstarren / fest / flüssig

# |2| Mischen und Trennen in Alltag und Technik

Die Natur ist ein riesiges Labor. Hier findet der Mensch eine Vielzahl von Stoffen, die er weiter verarbeiten kann. Allerdings müssen diese Stoffe oft erst aus den Naturprodukten isoliert werden. So werden aus den Lavendelblüten Duftstoffe für die Parfümindustrie gewonnen und aus den Blättern des Fingerhuts Arzneimittel zur Stärkung des Herzens. In der Industrie muss man oft einen großen Aufwand treiben, um Stoffe zu isolieren. Im Alltag dagegen wenden wir einfache Trennmethoden ständig an, ohne dass uns das überhaupt bewusst wird.

In der Provence in Frankreich findet man große Felder, auf denen Lavendel angebaut wird. Doch die duftenden Pflanzen werden nicht als Blumenschmuck angepflanzt. Aus den Blüten werden Duftstoffe gewonnen und zu Parfüm verarbeitet.

Im August werden die Lavendelblüten mit Maschinen geschnitten. Zum Trocknen bleiben sie einige Tage auf den Feldern liegen, ehe sie zu einer Lavendeldestillerie gebracht werden. Hier wird die Lavendelernte sorgfältig auf einen Rost geschichtet und in einen Destillationskessel geschoben. Von unten strömt Wasserdampf durch das Pflanzenmaterial. Dabei brechen die ölhaltigen Zellen auf und die gasförmigen Duftstoffe wandern mit dem Wasserdampf im geschlossenen Behälter nach oben. An einem gekühlten Rohr kondensiert sowohl der Wasserdampf als auch das wohlriechende Lavendelöl. Im Auffangbehälter scheidet sich das leichtere Öl vom schwereren Wasser ab. Es wird in Flaschen abgefüllt. Dieses Verfahren bezeichnet man als **Wasserdampfdestillation.**

In Parfümfabriken werden die gewonnenen Öle verarbeitet. Ein *Parfümeur* mischt sie mit verschiedenen anderen Duftölen und findet so immer wieder neue Düfte.

Die gewünschte Duftmischung wird in Alkohol und etwas destilliertem Wasser gelöst. Sie muss noch 5–8 Wochen reifen. Abschließend wird die Lösung filtriert, ehe sie als Parfüm in Flakons gefüllt wird.

> Mithilfe der Wasserdampfdestillation gewinnt man Duftstoffe aus Blüten.

## Lavendelwasser

Gib 15 g Lavendelblüten in einen kleinen Erlenmeyerkolben (100 ml) und versetze sie mit 50 ml Ethanol (F). Verschließe den Kolben mit einem Stopfen und lasse ihn ruhen.
Filtriere die Lösung nach etwa 4 Wochen und gib nun noch 10 ml destilliertes Wasser hinzu.
Tipp:
Versuche das Gleiche mit Rosenblättern.

**1** **Fragen zum Text**

**a)** Beschreibe die Arbeitsschritte zur Gewinnung von Duftstoffen aus Lavendelblüten.
**b)** Warum trennt sich das Öl im Auffangbehälter vom Wasser?

**2** **Experiment**

Gib kleine Stücke ungespritzter Orangenschalen in einen Erlenmeyerkolben. Übergieße sie mit 150 ml Wasser und verschließe den Kolben. Erhitze nun das Gemisch bis zum Sieden und leite den Dampf mithilfe eines gebogenen Glasrohrs in ein gekühltes Reagenzglas. Notiere deine Beobachtungen.

▼ *2  Wasserdampfdestillation von Lavendel*

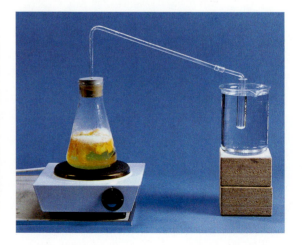

# |2.2| Reinstoff oder Stoffgemisch?

Vergleiche einmal Brausepulver mit Zucker. Während der Zucker gleichmäßig süß schmeckt, nimmst du beim Brausepulver zuerst einen säuerlichen Geschmack wahr. Dann spürst du ein leichtes Prickeln. Das Pulver schäumt auf der Zunge. Es schmeckt süß und fruchtig.

Mit einer Lupe erkennt man, dass der Zucker aus einheitlichen Kristallen besteht. Zucker ist ein **Reinstoff**, der bestimmte, gleich bleibende Eigenschaften aufweist. Reinstoffe bestehen aus einer einzigen Stoffart.

Das Brausepulver dagegen setzt sich aus verschiedenen Bestandteilen zusammen, es ist ein **Stoffgemisch**. Unter der Lupe findet man größere, regelmäßig gebaute Körnchen, *Zuckerkristalle,* die das Pulver süß machen. Die kleineren Kristalle aus *Citronensäure* oder *Weinsäure* schmecken dagegen sauer. Das weiße Pulver heißt *Natron*. Wenn es mit dem Speichel und der Citronensäure in Berührung kommt, entwickelt sich ein Gas und es schäumt kräftig im Mund. In der Regel sind dem Gemisch auch *Farbstoffe* und fruchtige *Aromastoffe* zugefügt.

In der Natur kommen Reinstoffe fast nie vor. Meistens findet man Stoffgemische. Stoffgemische bestehen mindestens aus zwei, meistens jedoch mehreren Reinstoffen. So ist Erde ein Gemisch aus Steinen, Sand, Ton, Salzen, Wasser und vielen anderen Stoffen.

▼ *1 Brausepulver und Zucker unter der Lupe*

**Gemenge.** Granit ist ein Gestein, das sich aus Feldspat, Quarz und Glimmer zusammensetzt. Stoffgemische, die nur aus Feststoffen bestehen, werden auch **Gemenge** genannt.

**Lösung.** Auch Leitungswasser ist kein Reinstoff. Lässt man ein Glas klares Wasser eine Weile stehen, setzen sich kleine Luftbläschen an den Wänden ab. Wird das Wasser eingedampft, bleiben im Gefäß Ablagerungen zurück. Wasser ist eine **Lösung**, in der Luft und Salze gelöst sind.

**Suspension.** Eine Flasche Orangensaft schüttelt man vor dem Öffnen, damit sich die Fruchtteilchen gleichmäßig verteilen. Sie sind in Wasser unlöslich und setzen sich am Boden der Flasche ab. Man bezeichnet ein solches Stoffgemisch als **Aufschlämmung** oder auch als **Suspension**.

**Emulsion.** Essig und Öl lassen sich nur schlecht mischen. Verquirlt man die beiden Flüssigkeiten kräftig miteinander, bildet sich eine milchige Mischung aus Öltröpfchen und Essig. Dieses Gemisch bezeichnet man als **Emulsion**. Lässt man sie kurze Zeit ruhen, sammeln sich die einzelnen Fetttropfen schnell wieder an der Oberfläche. Fügt man jedoch ein Eigelb hinzu und rührt, mischen sich die beiden Flüssigkeiten dauerhaft miteinander. Das Eigelb dient hier als **Emulgator**.

**Rauch, Nebel, Schaum.** In Abgasen von Dieselfahrzeugen verteilen sich winzige, feste Rußteilchen in der Luft. Man spricht hier von **Rauch**. Verteilen sich kleine Wassertröpfen in der Luft spricht man von **Nebel**. **Schaum** entsteht, wenn sich Luft mit Wasser vermischt.

**Gasgemische.** Ein typisches **Gasgemisch** ist unsere Luft. Sie besteht aus Stickstoff, Sauerstoff, Kohlenstoffdioxid und Edelgasen.

---

### Rezept für Brausepulver (10 Personen)

5 Esslöffel Zucker, 3 Esslöffel Citronensäure, 2 Esslöffel Natron, 1 Päckchen Vanillinzucker, 1–2 Tropfen Fruchtaroma (z. B. Himbeere).

Mische alle Zutaten in einer trockenen und sauberen kleinen Schüssel, die nur für Lebensmittel benutzt wird.
Wenn alles gleichmäßig verrührt ist, kannst du das Brausepulver an deine Mitschülerinnen und Mitschüler verteilen oder damit ein Brausegetränk herstellen.

---

Reinstoffe bestehen aus einer einzigen Stoffart. Sie haben ganz bestimmte, stets gleich bleibende Eigenschaften. Stoffgemische bestehen aus mehreren Reinstoffen.

Gasgemisch
(gasförmig/gasförmig)

Schaum
(gasförmig/flüssig)

Rauch
(fest/gasförmig)

Nebel
(flüssig/gasförmig)

Suspension
(fest/flüssig)

**Gemische im Überblick**

Emul-
sion
(flüssig/
flüssig)

Lösung
(flüssig/flüssig)

Lösung
(gasförmig/flüssig)

Gemenge
(fest/fest)

Lösung
(fest/flüssig)

**a)** Wie kannst du herausbekommen, ob ein Reinstoff oder ein Stoffgemisch vorliegt?
**b)** Ordne in einer Tabelle nach Reinstoff und Stoffgemisch: Zucker, Waschpulver, Aluminium, Luft, Kochsalz, Eisen.
Ergänze die Tabelle um je fünf weitere Beispiele.
**c)** Weshalb ist Leitungswasser kein Reinstoff?
**d)** Erkläre den Begriff Suspension an einem selbst gewählten Beispiel.
**e)** Welche Aufgabe hat ein Emulgator?

**2** Experiment

**a)** Fülle ein Becherglas mit Wasser, gib zwei Löffel Sand hinzu und rühre kräftig. Lass das Gemisch dann einige Minuten stehen und beobachte.
**b)** Rühre nach etwa fünf bis zehn Minuten eine Spatelspitze Tapetenkleister unter und beobachte erneut.

**3** Experiment

Fülle einen Standzylinder voll mit Wasser und decke ihn mit einem Deckglas ab. Stelle das Gefäß mit der Öffnung nach unten in eine wassergefüllte Wanne. Entferne das Deckglas unter Wasser. Gib eine Brausetablette in den Standzylinder, sodass das entstehende Gas in den Zylinder gelangt. Markiere die aufgefangene Gasmenge mit einem Stift am Zylinder.

Standzylinder

Wanne

Wiederhole den Versuch mit einer zweiten Tablette. Wie viel Wasser verdrängt die zweite Tablette im Vergleich zur ersten? Erkläre dein Ergebnis.

**4** Experiment

**a)** Fülle ein Reagenzglas etwa 2 cm hoch mit Wasser und gib die gleiche Menge an Salatöl hinzu. Verschließe das Reagenzglas mit deinem Daumen, schüttle kräftig und beobachte.
**b)** Gib nun einige Tropfen eines Spülmittels hinzu und beobachte erneut.
**c)** Welche Wirkung hat das Spülmittel?

**5** Theorie

Salzwasser ist ein Stoffgemisch. Die einzelnen Bestandteile der Lösung kann man jedoch nicht erkennen – weder mit dem bloßen Auge, noch unter einem starken Mikroskop. Solche einheitlich aufgebauten Gemische werden als **homogene Gemische** bezeichnet.

Das Müsli auf dem Frühstückstisch ist ein **heterogenes Gemisch.** Die einzelnen Bestandteile sind mit bloßem Auge sichtbar. Es gibt auch heterogene Gemische, die auf den ersten Blick einheitlich aufgebaut erscheinen. Unter dem Mikroskop erkennt man jedoch Unterschiede.

Zu welcher Art Gemisch gehören Luft, Brausepulver, Tinte, Wein, Hamsterfutter, Mineralwasser, Haarspraynebel, Mehlstaub, Suppe, Teegetränk? Ordne tabellarisch.

| homogenes Gemisch | heterogenes Gemisch |
|---|---|
| Salzwasser | Müsli |
| | |

▲ *1  Abbau von Steinsalz unter Tage*

Rohes Steinsalz ist als Speisesalz nicht zu gebrauchen, weil es durch Sand und Gesteine verunreinigt ist. Die Gewinnung von Speisesalz gelingt im Labor mit einfachen Mitteln.

Zunächst wird das Steinsalz mithilfe eines Mörsers möglichst fein zerrieben und dann ins Wasser gegeben. Die Salzteilchen lösen sich im Wasser, nicht jedoch die Verunreinigungen. Sie sinken nach kurzer Zeit zu Boden und setzen sich dort ab, sie **sedimentieren.** Durch anschließendes **Abgießen (Dekantieren)** der Lösung werden die meisten Verunreinigungen bereits abgetrennt.

Man kann die Lösung aus Salz und Wasser aber auch **filtrieren.** Die feinen Poren des Filters wirken wie ein Sieb. Das gelöste Salz gelangt mit dem Wasser durch den Filter hindurch, die ungelösten Verunreinigungen bleiben als *Rückstand* im Filter zurück.

Das aufgefangene *Filtrat* besteht nur noch aus Wasser und Salz. Ist das Wasser verdunstet, bleiben Kristalle aus reinem Speisesalz zurück. Um diesen Vorgang zu beschleunigen, wird die Lösung in einer Schale erhitzt. Nach diesem **Eindampfen** findet man das weiße Kochsalz am Boden der Schale.

Eine solche Stofftrennung ist möglich, weil sich die einzelnen Reinstoffe **in ihren Eigenschaften unterscheiden.** Beim Sedimentieren und Dekantieren nutzt man die *unterschiedliche Dichte,* beim Filtrieren die *Löslichkeit* und beim Eindampfen die *unterschiedliche Siedetemperatur* der Stoffe.

*Zerkleinern*

*Lösen*  *Sedimentieren*

*Filtrieren*  *Dekantieren*

*Salz*

*Eindampfen*

▲ *2  So gewinnt man Speisesalz*

Sticht ein großes Passagierschiff in See, muss es eine Menge Proviant mitnehmen. Doch das Wichtigste ist das Trinkwasser. Obwohl man von Meerwasser umgeben ist, darf man es nicht trinken. Der hohe Salzgehalt macht es für den Menschen ungenießbar. In den großen Schiffen sind deshalb Meerwasser-Entsalzungsanlagen eingebaut. Ein Verfahren, das in solchen Anlagen angewendet wird, ist die **Destillation.** Sie nutzt die Unterschiede in den Siedetemperaturen der beiden Reinstoffe Wasser und Salz.

▲ *1 Passagierschiff mit eigener Destillations-Anlage*

**Destillation im Labor.** Im Laborversuch kann man das Trennverfahren mit einfachen Mitteln nachvollziehen.

Etwas Salzwasser wird in einem Kolben bis zum Sieden erhitzt. Der aufsteigende Wasserdampf wird in den *Kühler* geleitet. Ein besonders wirksames Kühlsystem ist der *Liebig-Kühler.* Er besteht aus einem inneren und einem äußeren Rohr. Durch das innere Rohr strömt der heiße Wasserdampf, während das äußere Rohr in der Gegenrichtung von kaltem Wasser durchströmt wird.

Der Wasserdampf kühlt an dem kalten Glasrohr ab. Er kondensiert und sammelt sich als *Destillat* in einem Auffangbehälter. Es ist *reines Wasser,* das man auch als **destilliertes Wasser** bezeichnet. Das Salz ist im Kolben zurückgeblieben.

Möchte man das Wasser als Trinkwasser verwenden, gibt man anschließend noch einige lebenswichtige Mineralstoffe hinzu. Denn ganz ohne Mineralstoffe ist das Wasser auch nicht bekömmlich.

▼ *2 Destillations-Apparatur*

Mithilfe verschiedener Trennverfahren werden Stoffgemische in Reinstoffe zerlegt. Dabei werden die unterschiedlichen Eigenschaften der Reinstoffe genutzt.

**1 Fragen zum Text**

a) Beschreibe die Gewinnung von Speisesalz aus Steinsalz.
b) Welche Stoffeigenschaft nutzt man beim Filtrieren, welche beim Eindampfen?
c) Was ist destilliertes Wasser?
d) Weshalb sollte man für Dampfbügeleisen destilliertes Wasser verwenden?

**2 Experiment**

Denke dir selbst eine einfache Anordnung aus, mit der sich aus Salzwasser mithilfe der Sonne reines Wasser gewinnen lässt. Mache eine Skizze, baue die Apparatur auf und führe den Versuch selbst durch.

**3 Medizin**

Erkundige dich, warum Meerwasser und destilliertes Wasser nicht als Trinkwasser genutzt werden dürfen.

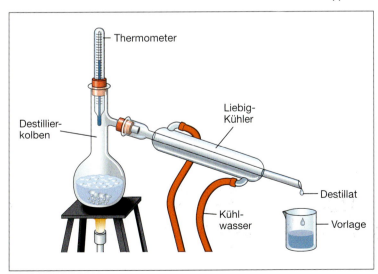

Thermometer

Liebig-Kühler

Destillier-kolben

Destillat

Kühl-wasser

Vorlage

# |2.4| Müll trennen und verwerten

Jeder Mensch verursacht im Laufe seines Lebens eine gewaltige Menge an Müll. Über 500 kg wirft jeder Einwohner Deutschlands jedes Jahr in die verschiedenen Mülltonnen.

**Wertstoffe.** Verpackungen mit dem grünen Punkt werden als Wertstoffe meistens in gelben Säcken oder gelben Tonnen gesammelt. Hierzu zählen Kunststoffe, Metalle, Verbundstoffe, Papier und Glas. Die Kosten für die **Wiederverwertung** müssen natürlich indirekt die Verbraucher über leicht erhöhte Verkaufspreise tragen.

Beim Umgang mit dem Müll sind auch die Verbraucher gefordert, die tagtäglich ihren Hausmüll in unterschiedliche Tonnen sortieren. Denn nur durch eine sorgfältige Mülltrennung kann die Wiederverwertung der Wertstoffe, das **Recycling**, gewährleistet werden. Aus diesem Grund werden die bereits vorsortierten Wertstoffe in **Müllsortieranlagen** transportiert. Dort werden verschiedene technische Verfahren angewendet, um den Abfall zu trennen:

Große **Siebtrommeln** sondern kleinere Müllteile von größeren ab und leiten sie auf Fließbändern weiter. Diese sind mit **Magneten** ausgestattet, die Eisen anziehen und so vom übrigen Müll trennen.
Es arbeiten aber auch Menschen an den Fließbändern. Verbundstoffe, Textilien und größere Gegenstände aus Kunststoff werden oft noch **von Hand ausgelesen.**
Starke Gebläse, die **Windsichter**, blasen leichtes Papier, Pappe und Kunststoffe vom Förderband in die entsprechenden Sammelbehälter. Reste aus Kunststoff werden anschließend zerkleinert, gewaschen und zu Granulat zermahlen. In einen **Hydrozyklon** wirbeln sie

dann zusammen mit Wasser umher. Aufgrund ihrer Dichte schwimmen die leichteren Teile nach oben, die schwereren Kunststoffe sinken nach unten.
Das getrennte Kunststoffgranulat wird getrocknet und an Kunststoffbetriebe weiterverkauft.

**Restmüll.** Ein großer Teil des täglichen Abfalls kann nicht wiederverwertet werden. Staubsaugerbeutel, Windeln, Asche, Hygieneartikel oder die verschmutzte Katzenstreu gehören in die **Restmülltonne.** So landen in Deutschland jährlich mehrere Millionen Tonnen unverwertbaren Mülls entweder auf der **Mülldeponie** oder in einer **Müllverbrennungsanlage.**

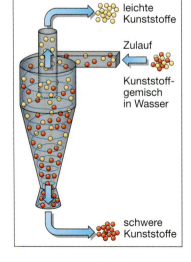

◀ 5 Hydrozyklon

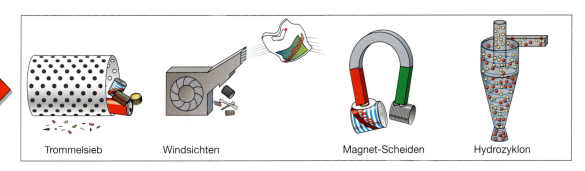

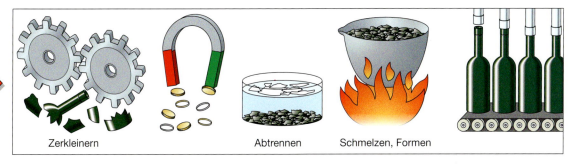

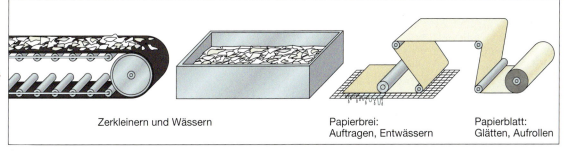

▲ 1 Wertstoff-Recycling

**Sondermüll.** Wir produzieren aber auch Müll, den wir weder wiederverwerten können, noch in die Restmülltonne werfen dürfen: Sondermüll.
Altöldosen kann man bei den Verkaufsstellen abgeben, alte Medikamente gehen zurück an die Apotheke. Leere Batterien oder defekte Akkus wirft man in die Sammelboxen der Händler; Lösemittel und Farbreste werden von den Wertstoffhöfen und Schadstoffmobilen angenommen.

> Eine sorgfältige Trennung des Mülls ist die Voraussetzung für die Wiederverwertung von Wertstoffen, das Recycling.
> Der Restmüll kommt auf Mülldeponien oder in Müllverbrennungsanlagen. Umweltschädliche Stoffe gehören zum Sondermüll.

**1 Fragen zum Text**

**a)** Wie ist die Abfallentsorgung in deiner Stadt geregelt?
**b)** Wie entsorgt man Batterien, Medikamente und Altöldosen richtig?
**c)** Beschreibe das Recycling von Papier.
**d)** Rechne aus, wie viel Müll du nach der Statistik bisher bereits verursacht hast.

**2 Aufgabe**

**a)** In einer „Tonne" befinden sich Papierschnipsel, Eisennägel, Styropor, Sand und Schnipsel einer Plastiktüte. Plane einen Versuch zur Mülltrennung. Probiere aus, ob die Trennung auch funktioniert.
**b)** Welche Trennmethode hast du jeweils verwendet?

# |2.5| Weitere Trennverfahren

**Adsorbieren.** In vielen Küchen sind über dem Herd Dunstabzugshauben eingebaut. Sie sollen den Kochdunst von Fett und Gerüchen reinigen.

Wenn die Abluft nicht ins Freie geleitet werden kann, wird sie von der Umlufthaube durch einen speziellen Fettfilter angesaugt. Hier bleiben die Fetttröpfchen hängen. Danach strömt die Luft durch einen Filter mit Aktivkohle. So ein Filter enthält sehr viele kleine Kohlekörnchen. Da sie zahlreiche Hohlräume besitzen, verfügen sie über eine sehr große Oberfläche: Bereits 5 g Aktivkohle haben eine Oberfläche, die so groß ist wie ein Fußballfeld.

Die angesaugte Luft wirbelt durch die Hohlräume der Aktivkohle, dabei bleiben die Geruchsstoffe an der riesigen Oberfläche hängen. Man sagt, sie werden **adsorbiert.** Die gereinigte Luft wird anschließend wieder in die Küche geleitet.

Auch Atemschutzmasken enthalten solche Aktivkohle-Filter.

**Zentrifugieren.** In manchen Entsaftern wird der Saft in einer Zentrifuge vom Fruchtfleisch getrennt. Das Fruchtfleisch befindet sich in einem Sieb, das sehr schnell gedreht wird. Der Saft wird dadurch herausgeschleudert und anschließend in einem Behälter gesammelt.

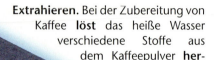

▲ 1
*Aktivkohle reinigt den Kochdunst*

**Extrahieren.** Bei der Zubereitung von Kaffee **löst** das heiße Wasser verschiedene Stoffe aus dem Kaffeepulver **heraus;** man sagt, sie werden **extrahiert.** Nicht gelöste Stoffe bleiben im Kaffeepulver zurück. Ganz ähnlich ist es beim Aufbrühen von Teeblättern. Beim Extrahieren nutzt man die unterschiedliche Löslichkeit von Stoffen in einem Stoffgemisch. Auch das Entfernen von Gras- oder Fettflecken aus Kleidungsstücken mithilfe von Waschbenzin ist eine Extraktion.

In der Technik extrahiert man Fette aus Samen oder Duft- und Wirkstoffe aus Pflanzen.

> Die Adsorption, das Zentrifugieren und die Extraktion sind wichtige Verfahren zur Trennung von Stoffgemischen.

**1   Fragen zum Text**

**a)** Welche Aufgabe hat die Aktivkohle in einer Dunstabzugshaube?
**b)** Beschreibe die Funktion einer Fruchtsaftzentrifuge.
**c)** Welche Stoffeigenschaft nutzt man beim Extrahieren?

▲ 2 *Obst- und Gemüseentsafter, geöffnet*

▲ 3 *Hier werden Stoffe herausgelöst, extrahiert*

**1** **a)** Handelt es sich bei folgenden Stoffen um Reinstoffe oder Gemische? Begründe deine Meinung und ordne die Stoffe tabellarisch: Granit, Benzin, Eisen, Duschgel, Tinte, Parfüm, Meerwasser, Edelstahl, Silber, Messing.
**b)** Ergänze die Tabelle um vier weitere Beispiele.
**c)** Erläutere die Gemische Schaum, Suspension und Legierung und nenne je ein Beispiel.

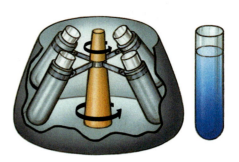

**2** Majonäse besteht aus Essig, Öl, Wasser, Gewürzen und Eigelb.
**a)** Wie bezeichnet man ein solches Gemisch?
**b)** Welche Rolle spielt das Eigelb?

**5** Milch kann man durch Zentrifugieren in wässrige Magermilch und Milchfett trennen. Das Milchfett kann man anschließend als Rahm an der Oberfläche abschöpfen.
Welcher Bestandteil hat die größere Dichte?

**3** Zur Zeit des „Goldrausches" hofften viele, aus dem Sand der großen Flüsse kleine Goldkörnchen herauswaschen zu können. Dabei sammelten sie den feinen Flusssand in flachen Schüsseln und schlämmten ihn immer wieder mit viel Wasser auf. Welche Eigenschaft des Goldes wurde beim Goldwaschen genutzt?

**6** **a)** Ein Gemisch aus Sand, Kochsalz, Wasser und Eisen soll voneinander getrennt werden. Beschreibe, wie du vorgehen würdest.
**b)** Wie lassen sich diese Stoffgemische trennen: Müsli, Reis von Kochwasser, Salzlösung?

**7** Nach einem Regenschauer ist das Wasser in Pfützen trüb. Wenige Minuten später wird es klar. Erkläre dieses Phänomen mithilfe von Fachbegriffen.

**8** Welche Trennverfahren wendet man beim Zubereiten von Kaffee an?

**9** Bei der Destillation von Wein erhält man neben dem Alkohol (Siedetemperatur 78 °C) immer etwas Wasser. Woran könnte das liegen?

**4** Zum Entfetten von Bratensoße kann man das „Fettwegkännchen" benutzen. Dabei wird die Soße vom Fett abgetrennt.
Nach welchem Prinzip funktioniert dieses Gerät?

**10** Ölhaltiges Wasser aus Autowaschanlagen und Tankstellen muss durch Ölabscheider geleitet werden, bevor es in die Kanalisation gelangt. Beschreibe die Arbeitsweise eines solchen Ölabscheiders mithilfe der Abbildung.

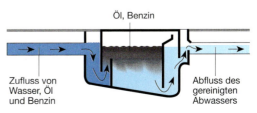

Öl, Benzin

Zufluss von Wasser, Öl und Benzin

Abfluss des gereinigten Abwassers

→ **Reinstoffe** haben typische, unveränderliche Eigenschaften. Sie sind einheitlich aufgebaut.

→ **Stoffgemische** bestehen aus mindestens zwei, meistens jedoch mehreren Reinstoffen.

Stoffgemisch (Wasserfarbe)

Reinstoff (Zucker)

| Gemisch | Aggregatzustand der Bestandteile | Beispiele |
|---------|----------------------------------|-----------|
| Gemenge | fest in fest | Granit, Erde |
| Legierung | fest in fest | Messing |
| Lösung | fest in flüssig | Zuckerwasser |
| Lösung | flüssig in flüssig | Weinbrand |
| Lösung | gasförmig in flüssig | Mineralwasser |
| Suspension | fest in flüssig | Wasserfarbe |
| Rauch | fest in gasförmig | Dieselqualm |
| Emulsion | flüssig in flüssig | Milch |
| Nebel | flüssig in gasförmig | Nebel |
| Gasgemisch | gasförmig in gasförmig | Luft |
| Schaum | gasförmig in flüssig | Badeschaum |

→ **Stofftrennung:** Bei der Trennung von Stoffgemischen werden die unterschiedlichen Eigenschaften der Reinstoffe genutzt.

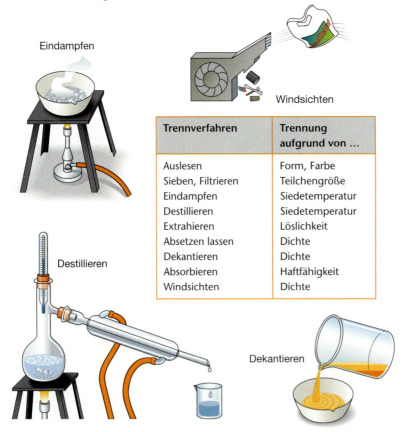

Eindampfen

Windsichten

Filtrieren

Absetzen lassen

Destillieren

Dekantieren

| Trennverfahren | Trennung aufgrund von ... |
|----------------|---------------------------|
| Auslesen | Form, Farbe |
| Sieben, Filtrieren | Teilchengröße |
| Eindampfen | Siedetemperatur |
| Destillieren | Siedetemperatur |
| Extrahieren | Löslichkeit |
| Absetzen lassen | Dichte |
| Dekantieren | Dichte |
| Absorbieren | Haftfähigkeit |
| Windsichten | Dichte |

→ **Mülltrennung:** Viele Werkstoffe können wiederverwertet (recycelt) werden. Deshalb sollte der Hausmüll sorgfältig getrennt und in den entsprechenden Mülltonnen entsorgt werden.
Stoffe, die nicht wiederverwertet werden können, kommen auf die Mülldeponie oder in eine Müllverbrennungsanlage.

DER GRÜNE PUNKT

# |3| Metalle und Nichtmetalle

Formel-1-Rennwagen sind die Spitzenprodukte des Automobilbaus. Alle bestehen nahezu den gleichen Werkstoffen. Diese gehören vor allem zur Gruppe der Metalle, wie die Leichtmetalle Aluminium und Magnesium und das hochfeste Titan, aus denen zum Beispiel die Motoren und die Felgen gefertigt sind. Achsen und Getriebeteile bestehen aus Stahl. Die elektrischen Anlagen und die Steuerungselektronik arbeiten mit Kupferkabeln.

Doch auch Nichtmetalle spielen eine wichtige Rolle. So bestehen die Karosserie, die Spoiler und das extrem stabile Cockpit aus Kunststoffen, die ihre hohe Festigkeit vor allem durch Kohlenstofffasern erhalten. Die Reifen sind mit Stickstoff gefüllt und enthalten Schwefel und Kohlenstoff.

# |3.1| Metalle – eine glänzende Stoffgruppe

▲ 1 Leichtmetall Aluminium

▲ 2 Schwermetall Blei

▲ 3 unedles Metall Eisen

▲ 4 Edelmetall Gold

**Eigenschaften.** Aluminium, Blei, Eisen und Gold – diese Stoffe gehören zur Stoffgruppe der **Metalle**. Untersucht man verschiedene Metalle, findet man eine Vielzahl an gemeinsamen Eigenschaften. Metalle …
– haben einen metallischen Glanz
– sind undurchlässig für Licht
– leiten den elektrischen Strom
– lassen sich gut verformen
– sind bei Zimmertemperatur fest (Ausnahme: Quecksilber)
– sind gute Wärmeleiter.

Nur wenige Metalle sind *magnetisch*. Eisen, Cobalt und Nickel werden von Magneten angezogen, alle übrigen nicht.

Stoffe mit anderen Eigenschaften bezeichnet der Chemiker als **Nichtmetalle**. Hierzu gehören etwa Schwefel, Kohlenstoff, Sauerstoff, Chlor, Neon oder Iod.

**Einteilung der Metalle.** Metalle mit einer kleineren Dichte als $5 \frac{g}{cm^3}$ nennt man *Leichtmetalle*. Hierzu zählen Aluminium, Magnesium und Titan. *Schwermetalle* wie Eisen, Kupfer, Gold und Blei weisen eine Dichte auf, die über $5 \frac{g}{cm^3}$ liegt.

Manche Metalle verlieren schon nach kurzer Zeit ihren Glanz. Sie sind *unedel*. Gold oder Platin behalten ihren Metallglanz. Es sind *Edelmetalle*. Sie eignen sich hervorragend zur Herstellung von Schmuck.

Auch in der *Härte* unterscheiden sich Metalle. Während man das weiche Blei mit einem Messer schneiden kann, braucht man zum „Schneiden" von Chrom Spezialgeräte.

> Metalle haben viele gemeinsamen Eigenschaften. Man fasst sie deshalb in einer Stoffgruppe zusammen.

**1 Fragen zum Text**

a) Nenne gemeinsame Eigenschaften aller Metalle.
b) In welchen Eigenschaften unterscheiden sich Metalle?

**2 Theorie**

Lege in deinem Heft eine Tabelle an, in der du die Metalle Kupfer, Silber, Blei, Titan und Zink in Leichtmetalle und Schwermetalle ordnest.
Ergänze die Tabelle um jeweils zwei weitere Metalle. Schlage dazu im Anhang des Buches oder in einem Lexikon nach.

**3 Theorie**

a) Die beiden Metalle Zinn und Zink weisen eine Vielzahl gemeinsamer Stoffeigenschaften auf und lassen sich mit bloßem Auge nicht voneinander unterscheiden. Vergleiche die Eigenschaften dieser Stoffe und stelle sie

Zinn

Zink

in Form einer Tabelle zusammen. Schlage dazu im Anhang und im Stichwortverzeichnis des Buches nach.
b) Finde heraus, wofür diese Metalle verwendet werden.

# Pinnwand

## Metalle

Bereits im späten Mittelalter gelangten Schiffe von Spanien nach Amerika. Einige von ihnen sind jedoch untergegangen und werden erst jetzt, einige Hundert Jahre später, geborgen. Dabei werden immer wieder Goldmünzen oder Goldschmuck gefunden.

**1.** Warum glänzen aus dem Meer geborgene goldene Gegenstände immer noch, kupferne Münzen dagegen nicht mehr?

**2.** Welche Eigenschaft der Metalle ist für einen Goldschmied bei der Arbeit sehr hilfreich?

Metalle lassen sich auch in Formen gießen. Man drückt einen Gegenstand, etwa ein großes tiefgefrorenes Gummibärchen, in Formsand. Dann entfernt man den Gegenstand wieder und lässt den Sand trocknen. Die Form darf dabei nicht zerstört werden.

In einem Schmelzlöffel erhitzt man dann einige Stücke Zinn und gießt die Schmelze in die Form. Erst nach dem Erkalten kann man den gegossenen Gegenstand entnehmen.

**4.** Weshalb ist Zinn für so ein Experiment sehr gut geeignet?

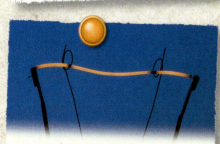

**3.** Warum bestehen die Glühdrähte in Lampen aus Wolfram?

| Metall | Schmelz-temperatur |
|--------|--------------------|
| Aluminium | 660 °C |
| Eisen | 1537 °C |
| Gold | 1063 °C |
| Kupfer | 1083 °C |
| Nickel | 1453 °C |
| Wolfram | 3410 °C |
| Zink | 420 °C |
| Zinn | 232 °C |

Quecksilber ist das einzige Metall, das bei Zimmertemperatur flüssig ist. Erst bei –39 °C erstarrt es.

Der Umgang mit diesem Metall ist gesundheitsgefährdend, denn Quecksilberdämpfe sind sehr giftig! Man findet Quecksilber auch heute noch in alten Thermometern sowie in geringen Mengen in Batterien und Leuchtstoffröhren.

**5.** Worauf solltest du im Umgang mit diesen Gegenständen achten?

**6.** Wie sollte man verbrauchte Batterien und defekte Leuchtstoffröhren entsorgen?

**7.** Wie schwer ist 1 Liter (1000 cm³) Quecksilber?

**Quecksilber**

Siedetemperatur: 357 °C
Schmelztemperatur: –39 °C
Dichte: 13,55 g/cm³

## Messing und Bronze sind Legierungen

Reine Metalle werden von der Industrie nur selten verarbeitet. Sie lassen sich zwar leicht verformen, sind für viele Anwendungszwecke aber zu weich. Gegenstände des täglichen Gebrauchs sollen jedoch widerstandsfähig und robust sein.

Die Eigenschaften reiner Metalle kann man verändern, indem man sie mit anderen Metallen mischt. Dazu werden die Metalle miteinander geschmolzen. Die entstandenen Mischungen heißen **Legierungen.** Neben der Härte ändern sich beim Legieren auch die Dichte und die Schmelztemperatur.

Zink

Kupfer

▲ 4 Denkmal aus Bronze

In der Küche findet man viele Gegenstände aus **Stahl,** einer Legierung aus Eisen, Kohlenstoff und anderen Metallen. Von **Edelstahl** spricht man, wenn zusätzlich Chrom oder Nickel beigemischt wurden.

Interessante Legierungen stellen die **Memory-Metalle** dar. Das *Nitinol* besteht aus Nickel und Titan. Die Legierung lässt sich nach Belieben verformen und „erinnert" sich immer wieder an ihre ursprüngliche Form. Aus diesem Grund wird Nitinol häufig in Brillengestellen verarbeitet.

▲ 1 Gegenstände aus Messing

**Messing.** Aus etwa 70 % Kupfer und 30 % Zink erhält man Messing, eine Legierung, die man leicht mit Gold verwechseln kann. Messing wird vor allem zu Blechblasinstrumenten und dekorativen Gegenständen verarbeitet. Aber auch Armaturen, Türklinken, Scharniere und Schiffsbauteile werden aus dieser sehr beständigen Legierung gefertigt.

**Bronze.** Eine andere Kupferlegierung prägte sogar ein geschichtliches Zeitalter. Während der Bronzezeit (2500–800 v. Chr.) stellten die Menschen viele Gegenstände aus Bronze her. Diese Legierung ist viel härter als reines Kupfer. Neben Werkzeugen und Waffen wurden Teller, Trinkgefäße, Schmuck und Münzen aus dieser Legierung gefertigt. Auch die Medaille für den dritten Platz bei olympischen Wettbewerben besteht bekanntlich aus Bronze. Die Legierung besteht aus etwa 80 % Kupfer und 20 % Zinn.

Es gibt jedoch nicht nur Legierungen mit Kupfer. Für die Schmuckindustrie sind Legierungen mit Gold und Silber von großer Bedeutung.

**1** **Demonstrations-Experiment**

Man gibt etwa 50 ml konz. Natronlauge (C) in ein Becherglas, fügt etwas Zinkpulver und eine gut gereinigte Kupfermünze hinzu. Unter ständigem Rühren wird das Gemisch bis zum Sieden erhitzt. Die Münze wird mit der Tiegelzange aus der Flüssigkeit genommen und gut mit Wasser abgespült. Dann erhitzt man sie kurz in der Flamme.

Erkläre die Veränderungen auf der Oberfläche der Münze nach dem Sieden und nach dem Erhitzen.

# |3.2| Unedel, aber wertvoll: Zink und Blei

Blei und Zink gehören nach Eisen und Aluminium zu den am meisten verwendeten Gebrauchsmetallen. Sie werden mithilfe von Kohlenstoff aus ihren Oxiden hergestellt.

Über die Hälfte des in Deutschland verbrauchten **Zinks** wird für Oberflächenbeschichtungen verwendet, die meist nur wenige tausendstel Millimeter dick sind. Das unedle Zink oxidiert zwar leicht an der Luft, aber es bildet dabei eine fest haftende, schützende Oxidschicht. Deshalb dient Zink als Rostschutz für Eisen. Kleine und große Werkstücke, sogar Autokarosserien, werden in flüssiges Zink getaucht und so *feuerverzinkt*.

▲ *2 Blei zur Dachabdichtung*

▲ *1 Feuerverzinkte Behälter*

Die negative Elektrode fast aller Batterien besteht aus Zinkblech oder Zinkpulver. Die Gehäuse von Kameras, viele Autoteile oder Modellautos werden aus Zinkdruckguss hergestellt. Diese Legierung aus Zink und 4 % Aluminium lässt sich als dünnflüssige Schmelze in feinste Formen pressen. Aus Zinkblechen werden Dachrinnen und Fassadenverkleidungen hergestellt.

**Blei** ist das schwerste und weichste aller Gebrauchsmetalle. Es lässt sich schon mit dem Fingernagel ritzen. Doch Vorsicht! Blei und Bleiverbindungen sind *giftig*.
Für die Abdichtung von Schornsteinen und Dachfenstern ist Bleiblech noch immer unübertroffen. Es ist leicht zu formen, stabil und beständig gegenüber der Witterung. Eine mattgraue Oxidschicht schützt das unedle Metall vor weiterer Oxidation.
Eine Legierung aus Zinn und Blei lässt sich leicht schmelzen. Man verwendet sie als „Lötzinn", um Metalle miteinander zu verbinden. Bei Röntgenaufnahmen schützen Bleischürzen vor unnötiger Strahlenbelastung.
Das meiste Blei wird als Elektrodenmaterial in den Autobatterien eingesetzt. Für diese gibt es schon seit Jahren ein gut funktionierendes Recyclingverfahren.

> Zink und Blei sind viel verwendete Gebrauchsmetalle. Zink wird vor allem als Rostschutz für Eisenteile verwendet, Blei zur Herstellung von Autobatterien.

**Steckbrief: Zink**

*Eigenschaften:* bläulich-weiß, weich, dehnbar; durch Bildung einer Oxidschicht beständig an der Luft;

*Dichte:* (bei 20 °C):     7,14 g/cm³

*Schmelztemperatur:*     420 °C

*Verwendung:* Verzinken von Eisenteilen (Rostschutz), Dachrinnen, in Batterien, als Legierungsmetall.

**Steckbrief: Blei**

*Eigenschaften:* grau, sehr weich, gut verformbar; beständig an der Luft; Bleidämpfe und Bleiverbindungen sind giftig;

*Dichte* (bei 20 °C):     11,34 g/cm³

*Schmelztemperatur:*     327 °C

*Verwendung:* Elektroden in Blei-Akkus, Dachabdeckungen, Bestandteil von Lötzinn, als Strahlenschutz.

# |3.3| Edel und beständig: Gold, Silber und Platin

**Gold.** Ein Jahrtausende alter Goldschatz glänzt, als wäre er eben erst vergraben worden, wenn er von einem glücklichen Schatzsucher gefunden wird. Es ist diese Beständigkeit und der warme goldgelbe Glanz, der dieses Metall bis in unsere Zeit begehrt macht.

Gold ist das dehnbarste aller Metalle: Aus einem Gramm Gold lässt sich ein Draht von etwa 3 km Länge ziehen! Da es sich auch im kalten Zustand gut durch Hämmern verformen lässt, wurde es bereits im Altertum zu Schmuck verarbeitet. Schmuck aus reinem Gold wäre zu weich für den täglichen Gebrauch. Daher mischt man Gold mit anderen Metallen. Diese Legierungen sind härter als reines Gold und haben oft auch eine andere Farbe.

In der Elektronik beschichtet man hochwertige Steckverbindungen hauchdünn mit Gold. In Computerchips werden die elektrischen Kontakte zum Gehäuse aus feinsten Golddrähten hergestellt. Für Münzen und als Wertanlage findet Gold ebenfalls Verwendung.

▲ 1 Goldene Totenmaske von Tutanchamun

▲ 2 Goldlegierungen

Silberverbindungen sind nämlich lichtempfindlich.

Silber ist auch für die Elektroindustrie wichtig, denn es ist der beste elektrische Leiter, den es gibt. Schaltkontakte stellt man oft aus Silberlegierungen her, da sie auch bei häufigem Gebrauch nicht oxidieren.

**Platin** ist ein besonders korrosionsfestes Metall. Es wird für Tiegel und Laborgeräte verwendet, aber auch zu Schmuck verarbeitet. Doch kaum einer weiß, dass man es ständig mit dem Auto spazieren fährt: Es ist nämlich in fein verteilter Form in den Abgaskatalysatoren der Autos enthalten und sorgt dort für die Entgiftung der Abgase.

**Edelmetalle.** Silber, Gold, Platin und einige andere Metalle zählt man zu den **Edelmetallen**. Sie sind gegenüber Luft, Feuchtigkeit und vielen Chemikalien sehr beständig. Man findet sie daher meistens *gediegen*, also in Form ihrer Elemente. Da sie sehr selten sind, sind sie auch sehr teuer.

**Silber** ist nicht so beständig wie Gold. Es reagiert mit schwefelhaltigen Stoffen zu schwarzem Silbersulfid. Silberschmuck läuft daher mit der Zeit schwarz an. Das meiste Silber wird zur Herstellung von Filmen und Fotopapier verwendet. Bestimmte

> Gold, Silber und Platin gehören zu den chemisch sehr beständigen Edelmetallen. Sie werden zu Schmuck verarbeitet, sind aber auch für viele technische Anwendungen wichtig.

**Steckbrief Gold**

| | |
|---|---|
| *Schmelztemperatur:* | 1064 °C |
| *Dichte in g/cm³:* | 19,3 |
| *Weltproduktion 2000:* | 2300 t |
| *Preis je kg (2004):* | 10 800 € |
| *Verwendung:* Schmuck, Münzen, Wertanlage, elektrische Kontakte | |

**Steckbrief Silber**

| | |
|---|---|
| *Schmelztemperatur:* | 962 °C |
| *Dichte in g/cm³:* | 10,5 |
| *Weltproduktion 2000:* | 16 000 t |
| *Preis je kg (2004):* | 185 € |
| *Verwendung:* Fotografie, Elektrotechnik, Schmuck, Münzen | |

**Steckbrief Platin**

| | |
|---|---|
| *Schmelztemperatur:* | 1770 °C |
| *Dichte in g/cm³:* | 21,5 |
| *Weltproduktion 2000:* | 240 t |
| *Preis je kg (2004):* | 20 600 € |
| *Verwendung:* Katalysatoren, Laborgeräte, Schmuck | |

## Vom Gold zum Geld

▲ 1 Goldnugget aus Thüringen: 9,6 g schwer, 22 mm lang

Gold wurde aus tieferen Schichten der Erdkruste meist durch vulkanische Vorgänge vor vielen Millionen Jahren an die Erdoberfläche gedrückt. Zusammen mit Quarz und anderen Mineralien bildete es Lagerstätten, aus denen es schon im Altertum abgebaut wurde.

Wenn solche Lagerstätten verwittern, werden die darin enthaltenen Mineralien zerkleinert. Sie verteilen sich, von Wind und Wasser fortbewegt – nicht aber das dabei freigelegte Gold. Das verhindern die besonderen Eigenschaften des Goldes. Es ist beständig, fast unzerstörbar, extrem dehnbar und zäh. Deshalb wird es nicht zerkleinert, sondern nur verformt. Aus den Goldkristallen entstehen die abgerundeten *Nuggets*. Wegen ihrer hohen Dichte werden sie nicht so leicht vom Wasser weggespült und lagern sich schneller wieder ab als andere Stoffe.

▲ 2 So sammelt sich Gold in einem Fluss

Ist das Gold erst einmal in einen Fluss gelangt, setzt es sich an Stellen ab, wo sich die Strömung verlangsamt. Man findet es an der Innenseite von Flussbiegungen, hinter Felsbarrieren oder unterhalb von Wasserfällen. Solche Lagerstätten heißen auch *Goldseifen*.

**Geschichte.** Auf den Menschen hat das Gold von Anfang an eine große Faszination ausgeübt. Goldene Grabbeigaben sind schon seit 10 000 Jahren bekannt. Vor 4700 Jahren ließen die Pharaonen große Mengen Gold von Sklaven in Bergwerken abbauen und aus Flüssen auswaschen und nutzten das Gold als Tauschmittel.

▲ 3 Gold und Macht

Der Goldschatz eines Staates war immer ein Symbol für Macht und Einfluss. Damit konnten Kriege finanziert und große Pracht entfaltet werden.

Die ersten Goldmünzen wurden vor 2700 Jahren in Kleinasien geprägt, doch wurden Goldmünzen nie zum alltäglichen Zahlungsmittel. Mit der Erfindung des Papiergeldes wurde das Gold in vielen Staaten zur Reservewährung. Die USA verpflichteten sich noch bis 1968, jeden Dollar in Gold umzutauschen. Diese *Goldbindung* gibt es heute nicht mehr.

1. Finde heraus, wo es Goldvorkommen gibt und wie viel Gold jährlich etwa gefördert wird.
2. Warum findet man in einem Fluss keine Goldkristalle?

▲ 5 Goldbarren in einer Bank

# Exkurs: Umwelt

## Der Preis des Goldes

**Goldsuche wie vor 100 Jahren.** Aus Wildwestfilmen ist das Goldwaschen aus goldhaltigen Flusssanden bekannt. Wegen seiner großen Dichte lässt sich Gold mithilfe von Wasser in einer Goldwäscherpfanne vom leichteren Sand abtrennen. Doch diese Methode macht nur noch als Urlaubsvergnügen Sinn, die Ausbeute ist viel zu gering.

▲ 1 Goldsucher in Brasilien

**Goldgewinnung mit Quecksilber.** Versetzt man goldhaltigen Flusssand mit Quecksilber, lösen sich darin selbst winzige Goldteilchen. Es entsteht Goldamalgam. Wenn man es später erhitzt, verdampft das Quecksilber, Gold bleibt zurück.

Doch Quecksilberdämpfe sind extrem giftig. Daher darf das Amalgam-Verfahren nur in geschlossenen Anlagen eingesetzt werden. Die meisten Goldsucher verwenden dieses Verfahren aber ohne Schutzeinrichtungen – und vergiften damit sich und die Umwelt.

▲ 2 Gold löst sich in Quecksilber

**Goldgewinnung mit Cyaniden.** Früher enthielten bergmännisch abgebaute Lagerstätten 10–50 g Gold pro Tonne Gestein. Diese Lagerstätten sind heute erschöpft. Man beutet jetzt auch Lagerstätten aus, die nur 0,5–3 g Gold je Tonne Gestein enthalten. Dazu wird das Gestein zermahlen und mit einer wässrigen Lösung von Natriumcyanid versetzt. Das Gold löst sich darin auf. Gibt man Zink oder Aluminium hinzu, lässt sich das Gold daraus wieder gewinnen. Die anfallenden Abraumschlämme werden in riesigen Becken gelagert.

Das Problem ist: Natriumcyanid ist hochgiftig. Bereits 0,2 g sind für einen Erwachsenen tödlich. Die Abraumschlämme enthalten neben Cyaniden auch noch giftige Schwermetalle sowie Arsen. Ein Teil des Cyanids entweicht als giftige Blausäure in die Luft. Die Becken für die Abwässer sind oft nur unzureichend gesichert. In westlichen Ländern ist die Cyanidlaugerei daher so nicht zulässig; in ärmeren Ländern wird sie aber weiter betrieben.

Eine Umweltkatastrophe hat sich in Rumänien im Februar 2000 ereignet, als 100 000 m³ Abraumschlämme des Sammelbeckens der Goldmine in Baia Mare ausgelaufen waren. In Rumänien und Ungarn sind 200 Tonnen toter Fische aus den Flüssen geholt worden, zahlreiche Wasservögel sind verendet. Die Trinkwasserversorgung war lange Zeit beeinträchtigt, viele Menschen in der Fischerei, der Landwirtschaft und im Tourismus haben ihre Existenzgrundlage verloren. Doch dies war leider kein Einzelfall. Überall auf der Welt ereignen sich derartige Unfälle, oft unbemerkt von der Weltöffentlichkeit.

1. Welche Maßnahmen könnte man ergreifen, um die Umweltbelastung im Goldbergbau zu verringern?

▲ 3 Dammbruch eines Sammelbeckens

# Pinnwand

## Metalle

Bilderrahmen oder Altarfiguren pflegt man nicht aus massivem Gold herzustellen. Da genügen hauchdünne Beschichtungen aus Blattgold.

Dazu werden in mehreren Schritten 0,02 mm dünne Goldbleche so lange flachgeklopft, bis sie fast durchsichtig sind, nämlich 0,0001 mm dick. Bei einer Größe von 80 x 80 mm wiegt so ein Blatt weniger als 0,01 g.

**1.** Eine Heiligenfigur hat eine Oberfläche von 1,5 m². Wie viel Gramm Blattgold braucht man für die Vergoldung?

Elektronikschrott als Rohstoffquelle. Eine Tonne Elektronikschrott aus Computern, Fernsehern und Videorecordern enthält durchschnittlich rund 20 kg Zinn, Kupfer, Nickel und Blei, etwa 12 kg Aluminium, 6 kg Silber und 1 kg Gold.

**3.** Wo sind diese Metalle enthalten?
**4.** Warum ist es sinnvoll, Elektronikschrott zu verwerten?
**5.** Welche Probleme können beim Recycling auftreten?

Die eingestempelte Zahl 585 in einem goldenen Schmuckstück sagt aus, dass von 1000 Gewichtsteilen 585 aus reinem Gold bestehen. Üblich sind auch die Legierungen mit 333er Gold und 750er Gold. Solche Goldlegierungen haben ganz verschiedene Farben, je nachdem, welche Metalle noch enthalten sind.

**6.** Finde heraus, welche Metalle in Schmuck aus Weißgold, Gelbgold und Rotgold enthalten sind.

Piercing-Schmuck aber auch chirurgische Instrumente, Besteck und Uhrengehäuse bestehen oft aus der harten, silberglänzenden Legierung Neusilber (früher auch Alpaka genannt). Wer Probleme mit *Nickelallergien* hat, sollte dieses Material meiden.

**2.** Ermittle die Zusammensetzung dieser Legierung. Schlage dazu in einem Lexikon nach oder recherchiere im Internet.

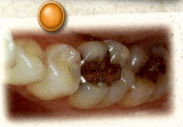

Amalgam-Legierungen werden in der Zahnmedizin verwendet.
Sie enthalten Quecksilber, Silber, sowie geringe Mengen an Zinn, Kupfer und Zink.

**7.** Weshalb sind solche Legierungen für Zahnfüllungen umstritten?

# Methode

## Arbeiten an Sachtexten

Auf dieser Seite findest du Hinweise, wie du vorgehen kannst, um Informationen aus einem Sachtext zu entnehmen.

→ **1.** Verschaffe dir zunächst einen **Überblick.**
Wie lautet die Überschrift?
Wie ist der Text gegliedert?
Achte auf die fett gedruckten Begriffe.
Was zeigen die Bilder und wie lauten die Bildunterschriften?

→ **2. Überfliege** nun den Text und informiere dich grob über den Inhalt.

→ **3.** Lege ein Blatt Papier neben das Buch oder verwende eine Fotokopie. Lies den Text **gründlich** durch. Gibt es Begriffe, die du nicht verstehst? Notiere sie und schlage in einem Lexikon nach.

→ **4.** Lies den Text noch einmal abschnittsweise durch. Auf einer Kopie kannst du die wichtigen Begriffe **unterstreichen** oder mit einem Leuchtstift **markieren.** Bei einem Buch musst du die wichtigsten Informationen stichwortartig **herausschreiben.**

→ **5. Ordne** die Informationen. Streiche Doppeltes, fasse Ähnliches zusammen, ordne den Informationen Überschriften zu. Erstelle so eine kurze Zusammenfassung.

**1.** Bearbeite den Text über die Edelgase. Erstelle eine Zusammenfassung, die du auch zu einem kurzen Vortrag verwenden könntest.

---

1. Überblick verschaffen

2. Text überfliegen

3. Text gründlich durchlesen; unklare Begriffe klären

4. Wichtige Begriffe herausschreiben oder markieren

5. Informationen ordnen und übersichtlich zusammenfassen

---

## |6.5| Edelgase: ganz schön (reaktions)träge!

▲ 1 Leuchtstoffröhren enthalten Edelgase

**Edelgase.** Helium, Neon, Argon, Krypton, Xenon und das radioaktive Radon sind natürliche Bestandteile der Luft und werden überwiegend aus der Luft gewonnen. Allerdings ist der Edelgas-Gehalt der Luft sehr gering: In einem Liter Luft (1000 ml) sind nur 9,3 ml Argon enthalten. Die restlichen Edelgase machen zusammen nur 0,024 ml Volumen aus.

**Entdeckung der Edelgase.** Bei den Untersuchungen zur Bestimmung der Dichte des Luftstickstoffs entdeckte der englische Forscher RAYLEIGH 1894, dass ein Liter Stickstoff aus der Luft um 0,0067 g schwerer war als ein Liter des Gases aus einer stickstoffhaltigen Verbindung. RAYLEIGH und sein Landsmann RAMSAY schlossen daraus, dass in dem Stickstoff der Luft noch andere, schwerere Gase enthalten sein mussten. Zum Beweis entfernten sie durch chemische Reaktionen den Stickstoff und den Sauerstoff aus einer Luftprobe. Zurück blieb tatsächlich ein kleines Gasbläschen aus einem unbekannten Gas, das sich als sehr reaktionsträge erwies. Sie nannten es **Argon,** was auf griechisch *träge* bedeutet.

Damit war das erste Mitglied der neuen **Elementfamilie der Edelgase** entdeckt. „Edel" nennt man diese Gase, weil sie bis auf ganz wenige Ausnahmen keine Verbindungen mit anderen Elementen eingehen. Auch untereinander bilden sie keine Moleküle. Die kleinsten Teilchen der Edelgase sind *einzelne Atome.*

**Verwendung.** Helium ist viel leichter als Luft, und nicht brennbar. Man verwendet es als Füllgas für *Ballons* und *Luftschiffe.* Auch *Tauchgase,* vor allem für Arbeiten in großer Tiefe, können Helium enthalten.

Krypton und Xenon benutzt man als Füllgas in *Glühlampen,* dann verdampft der hell glühende Wolframfaden nicht so schnell. Lichtausbeute und Lebensdauer der Lampen werden dadurch beträchtlich erhöht.

In *Elektronenblitzgeräten* und *Stroboskopen* wird das Edelgas Xenon durch eine hohe Spannung für Sekundenbruchteile zum Leuchten gebracht. Auch manche modernen *Autoscheinwerfer* enthalten solche Blitzentladungslampen mit Xenon. Sie geben ein sehr helles, blauweißes Licht ab und haben eine lange Lebensdauer.

In weißen und farbigen *Leuchtstoffröhren* bewirken Edelgase zusammen mit speziellen Leuchtstoffen und Quecksilberdampf helles und farbiges Licht.

Beesonders auffällig ist das kräftige Rot der *Neonlampen.* Beim *Schweißen* verhindert Argon als Schutzgas, dass der geschmolzene Stahl an der Luft oxidiert.

▲ 2 Schutzgasschweißen mit Argon

Edelgase sind in geringen Mengen in der Luft enthalten. Daraus werden sie gewonnen. Sie kommen als einzelne Atome vor und sind äußerst reaktionsträge.

Halogen-Licht

Xenon-Licht

▲ 3 Xenonlampen leuchten heller

# |3.4| Wasserstoff – das leichteste Gas der Welt

**Eigenschaften.** Der farblose, geruch- und geschmacklose Wasserstoff kommt elementar in der Luft nur in sehr geringen Mengen vor. Aus Wasser kann er mithilfe von elektrischem Strom hergestellt werden. An der Luft verbrennt das Gas mit einer farblosen, heißen Flamme zu Wasserdampf. Gemische aus Wasserstoff und Luft können schon beim kleinsten Funken explodieren.

Wasserstoff ist mit einer Dichte von 0,084 g/l (bei 1013 hPa und 20 °C) das leichteste Gas. Es ist ungefähr 14-mal leichter als Luft. Kein anderes Gas, mit Ausnahme von Helium, wird erst bei solch tiefen Temperaturen flüssig: –253 °C.

**Bau des Wasserstoff-Moleküls.** Wasserstoff besteht, wie viele Gase, aus Molekülen mit je zwei Atomen. Die Formel heißt **H₂**.

1 Modell eines Wasserstoff-Moleküls ▶

**Verwendung.** Schon kurz nach seiner Entdeckung wurde Wasserstoff zum Füllen von Gasballons verwendet.
Der erste Ballon wurde bereits 1783 in Paris gestartet. Unvergessen sind auch heute noch die Flüge der großen Luftschiffe vor etwa 70 Jahren nach Amerika. Für die Füllung von bemannten Luftschiffen ist die Verwendung von Wasserstoff seit der Brandkatastrophe von Lakehurst (1937) verboten. Bei diesem Unfall kamen 35 Fahrgäste ums Leben, als das Luftschiff beim Landeanflug Feuer fing. Nur Wetter- und Forschungsballons dürfen noch mit Wasserstoff gefüllt werden. Die Verwendung in Ballons und Luftschiffen verdankt er seiner geringen Dichte. Als Raketentreibstoff erzeugt er heute den nötigen Schub für die Flüge ins Weltall.

2 Füllung eines Ballons mit Wasserstoff; der Wasserstoff wurde innerhalb von vier Tagen aus 500 kg Eisen und 250 kg Schwefelsäure hergestellt.

Autos mit Wasserstoffmotoren werden im Alltagsbetrieb getestet. Sie sind sehr umweltfreundlich, da es keine schädlichen Abgase gibt Es entsteht nur Wasserdampf. Da Wasserstoff bei der Verbrennung hohe Temperaturen entwickelt, wird er zum Bearbeiten von schwer schmelzbarem Quarzglas oder zum Schneiden und Schweißen von Metallen verwendet.

Wasserstoff ist das leichteste Gas. Es wird in der Luftfahrt, Technik und in der chemischen Industrie verwendet.

**1  Fragen zum Text**

a) Wie viel Liter Wasserstoff sind ebenso schwer wie ein Liter Luft (1,3 g/l)?
b) Warum dürfen bemannte Luftschiffe nicht mit Wasserstoff gefüllt werden?
c) Wofür wird Wasserstoff verwendet?

◀ 3 Wasserstoff-Tankstelle

Das Element **Kohlenstoff** (Elementsymbol **C**, lateinisch *carboneum*) ist ein mattschwarzes Nichtmetall. Es begegnet uns als **Grillkohle** oder als **Ruß** in einer Kerzenflamme. Grillkohle wird durch Erhitzen von Holz unter Luftabschluss hergestellt.

▲ **1  Kohlenstoff zum Grillen**

Also ist Kohlenstoff ein Hauptbestandteil des Holzes.
Entsprechendes gilt für alle Pflanzen und Tiere. Alle enthalten Kohlenstoff als den Grundbaustein des organischen Lebens auf der Erde.

In der Natur kommt reiner, elementarer Kohlenstoff als **Graphit** vor, ein grauschwarzes Mineral. Graphit ist so weich, dass er als Schmiermittel verwendet wird. Mit Ton gemischt und gebrannt dient er im *Bleistift* zum Schreiben. Bleistifte enthalten also gar kein Blei und müssten eigentlich *Graphitstifte* heißen.

▲ **2  Bleistiftminen enthalten Graphit**

In Form von Graphit wird das Element Kohlenstoff in der Technik vielfältig genutzt. Graphit ist widerstandsfähig gegen alle Chemikalien und ein guter elektrischer Leiter. Schleifkontakte für Elektromotoren und Elektroden für Batterien werden deshalb meist aus Graphit hergestellt. Auch die **Aktivkohle** für Filteranlagen besteht, ebenso wie der **Ruß**, aus winzigen Graphitkristallen. Und Ruß ist nicht etwa ein Abfallprodukt, sondern ein wichtiger Rohstoff zur Herstellung von Autoreifen oder Druckerschwärze. Die **Kohlefasern**, mit deren Hilfe hochfeste Verbundwerkstoffe für Sportgeräte oder Flugzeuge hergestellt werden, sind ebenfalls aus Graphitkristallen aufgebaut.

**Diamanten.** Was sollten aber Diamanten mit dem weichen Graphit zu tun haben? Diamanten sind die härtesten Kristalle, im Idealfall klar durchsichtig. Aus ihnen werden wertvolle Brillanten geschliffen.

▲ **4  Geschliffener Diamant (Brillant)**

Erstaunlicherweise sind Diamanten ebenso wie der Graphit reiner Kohlenstoff, nur sind die kleinsten Teilchen des Kohlenstoffs, die *Kohlenstoff-Atome,* hier anders angeordnet. Das Element Kohlenstoff tritt also in zwei völlig verschiedenen **Erscheinungsformen (Modifikationen)** auf.
Unter hohem Druck und hoher Temperatur lässt sich Graphit sogar in Diamant umwandeln. Auf diese Weise werden viele Tonnen Industriediamanten hergestellt. Sie werden zum Schleifen, in Bohrköpfen für Erdölbohrungen oder für Bohrer und Trennscheiben eingesetzt, sogar im Heimwerkerbereich.

> Kohlenstoff kommt in der Natur als Graphit und als Diamant vor.

| Eigenschaften | Graphit | Diamant |
|---|---|---|
| **Aussehen** | undurchsichtig, grauschwarz glänzend, fühlt sich fettig an | durchsichtig, stark lichtbrechend |
| **elektrische Leitfähigkeit** | gut | nicht leitend |
| **Härte** | sehr weich (Härte 1) | sehr hart (Härte 10) |
| **Dichte** | 2,25 g/cm³ | 3,51 g/cm³ |

▲ **3  Graphit und Diamant im Vergleich**

**1** **Fragen zum Text**

**a)** Woran kannst du erkennen, dass auch Toastbrot Kohlenstoff enthält?
**b)** Nenne Anwendungsbeispiele für Graphit im Haushalt und in der Technik.
**c)** Informiere dich, zum Beispiel im Internet, über die Herstellung und Verwendung künstlicher Diamanten.

# |3.6| Schwefel, das gelbe Nichtmetall

▲ 1 Schwefel in der Nähe eines Vulkans

**Schwefel** (Elementsymbol **S**, lateinisch *sulphur*) ist schon seit dem Altertum bekannt. Er gehört zu den häufigsten Elementen der Erdkruste. Man findet ihn in vulkanischen Ablagerungen und als Bestandteil vieler Mineralien. Große Mengen sind in gebundener Form auch in Kohle, Erdöl und Erdgas enthalten. So werden allein in Deutschland 1,5 Millionen Tonnen Schwefel bei der Aufbereitung von Erdgas gewonnen.

Wegen der niedrigen Schmelztemperatur (113 °C) kann Schwefel leicht aus Gesteinen herausgeschmolzen werden. In unterirdischen Lagerstätten wird er durch überhitzten Wasserdampf verflüssigt und mit Pressluft an die Oberfläche gedrückt.

**Eigenschaften.** Schwefel ist ein sprödes, gelbes Nichtmetall. Er ist geruchlos, ungiftig, nicht wasserlöslich und elektrisch nicht leitend. Schwefel kommt in zwei Erscheinungsformen vor, die sich aber, anders als beim Kohlenstoff, kaum voneinander unterscheiden. Er bildet Kristalle, die wie Doppelpyramiden aussehen (*rhombischer Schwefel*). Das ist die stabile und beständige Form des Schwefels. Ober-

halb von 96 °C bildet er nadelförmige Kristalle aus (*monokliner Schwefel*).

Ungewöhnlich ist das Verhalten des Schwefels beim Erhitzen. Bei 113 °C schmilzt er. Die Schmelze ist hellgelb und dünnflüssig. Beim weiteren Erhitzen, ab etwa 160 °C, wird die Schmelze rotbraun und wieder zähflüssig, ab 300 °C wird sie erneut dünnflüssig, bei 444 °C siedet der Schwefel.

**Verwendung.** Der größte Teil des in der Industrie verwendeten Schwefels, über 85 %, dient als Rohstoff in der chemischen Industrie. Vor allem Schwefelsäure wird daraus hergestellt. Er wird aber auch zur Herstellung von Gummi, Medikamenten, Schwarzpulver und Streichhölzern benötigt.

> Schwefel ist ein sprödes, gelbes, kristallines Nichtmetall. Es wird hauptsächlich zur Herstellung von Schwefelsäure verwendet.

**1** **Fragen zum Text**

a) Stelle einen Steckbrief für den rhombischen Schwefel zusammen. Nutze dazu zusätzlich das Tafelwerk und das Internet.
b) Informiere dich, in welchen Ländern sich Schwefellagerstätten befinden und in welchen Mengen dort Schwefel gefördert wird.

**2** **Experiment**

a) Erwärme etwas Schwefel in einem Reagenzglas mit sehr kleiner Flamme, bis er gerade eben schmilzt. Beobachte die Farbe und die Zähigkeit der Schmelze.
b) Erwärme weiter, bis sich die Schmelze deutlich verändert. Bewege dabei das Reagenzglas.
c) Erwärme dann kurz bis zum Sieden.
d) Gieße die heiße Schmelze in kaltes Wasser und prüfe die Härte des abgeschreckten Schwefels.
e) Protokolliere deine Beobachtungen.

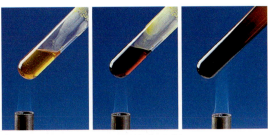

▲ 3 Verhalten des Schwefels beim Erhitzen

▲ 2 Rhombischer und monokliner Schwefel

# |3.7| Stoffe bestehen aus kleinsten Teilchen

▲ 1 Der englische Chemiker DALTON hatte sich für seine Forschungen ausgerechnet das übel riechende Sumpfgas ausgesucht.

Bis ins 18. Jahrhundert gab es kaum wissenschaftliche Erkenntnisse über den Aufbau der Stoffe. Es wurde hauptsächlich darüber philosophiert, ob sich die Stoffe aus den vier „Elementen" Erde, Feuer, Luft und Wasser zusammensetzen.

Das Wissen über chemische Reaktionen wurde immer größer. Man vermutete, dass alle Stoffe aus kleinsten Teilchen aufgebaut sein müssten. Aber erst am Anfang des 19. Jahrhunderts entwickelte der Engländer JOHN DALTON ein Modell, das den **Aufbau der Stoffe** aus **Atomen** erklärte.

Dieses **Atommodell** von **DALTON** ging von folgenden Annahmen aus:

**1.** Alle Stoffe sind aus kleinsten, kugelförmigen Teilchen, den Atomen aufgebaut.
**2.** Atome sind unveränderlich und unteilbar.
**3.** Alle Atome eines Elementes haben gleiche Größe und Masse.
**4.** Die Atome verschiedener Elemente unterscheiden sich in Größe und Masse.

**Anordnung der Atome.** Inzwischen weiß man, dass Atome, wie sie sich DALTON vorgestellt hat, in der Natur selten zu finden sind. Nur die kleinsten Teilchen von Edelgasen kommen als einzelne, frei bewegliche **Atome** vor. Edelgase wie Argon oder Krypton werden z. B. als Füllgase für Glühlampen verwendet.

Die kleinsten Teilchen der anderen Gase bestehen dagegen aus **Molekülen**. Das sind Teilchen, die aus zwei oder mehreren Atomen aufgebaut sind. Im Sauerstoff-Molekül sind zwei Sauerstoff-Atome miteinander verbunden. Auch Stickstoff- oder Chlor-Moleküle bestehen aus zwei Atomen. Ein Ozon-Molekül setzt sich aus drei Sauerstoff-Atomen zusammen.

In vielen Molekülen sind Atome verschiedener Elemente miteinander verknüpft. So besteht ein Kohlenstoffdioxid-Molekül aus einem Kohlenstoff-Atom und zwei Sauerstoff-Atomen.

In Metallen wie Eisen oder Aluminium sind unvorstellbar viele Atome in regelmäßiger Weise angeordnet. Sie bilden einen **Atomverband**. Die Atome sind nicht frei beweglich, sondern *ortsfest*.

Bei Gasen sind die Moleküle nicht dicht nebeneinander gepackt, sondern *frei beweglich*.

> Die kleinsten Teilchen aller Stoffe sind Atome. Diese schließen sich mit Ausnahme der Edel-Gase zu Molekülen oder größeren Atomverbänden zusammen.

**1** **Fragen zum Text**

a) Welchen Annahmen liegen dem daltonschen Atommodell zugrunde?
b) Nenne zwei Gase, die aus Atomen, und vier Gase, die aus Molekülen bestehen.
c) Wie sind die Atome in Metallen angeordnet?

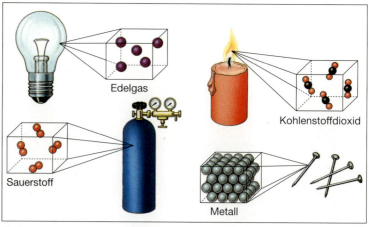

▲ 2 Atome ordnen sich unterschiedlich an

# |3.8| Elemente und Verbindungen

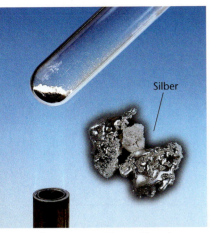

Silber

▲ 1 Silberoxid lässt sich zerlegen.

▲ 2 Alchemisten beim Experimentieren

Erhitzt man schwarzes Silberoxid-Pulver mit dem Brenner in einem Reagenzglas, schmilzt es zu einer glühenden Kugel zusammen. Mit der Glimmspanprobe kann man im Reagenzglas Sauerstoff nachweisen. Nachdem die Kugel abgekühlt ist, kann man erkennen, dass sie metallisch glänzt. Auf einem harten Untergrund kann man sie mit einem Hammer leicht verformen. Es ist Silber.

Durch das Erhitzen (Energiezufuhr) ist Silberoxid-Pulver in Sauerstoff und Silber zerlegt worden.

Silber und Sauerstoff lassen sich chemisch nicht weiter zerlegen. Es sind besondere Reinstoffe. Man bezeichnet sie als **Grundstoffe** oder auch als chemische **Elemente**. Man kann sie nicht durch chemische Experimente aus anderen Elementen herstellen.

Silberoxid dagegen ist eine **Verbindung** aus Silber und Sauerstoff. Verbindungen sind Reinstoffe, die sich chemisch wieder in Elemente *zerlegen lassen*.

Wir haben bisher schon einige der über 100 bisher entdeckten Elemente kennengelernt. Metalle wie Silber, Aluminium, Eisen, Magnesium und Zink sind Elemente; weitere Beispiele für Elemente sind die Feststoffe Schwefel und Kohlenstoff sowie die Gase Sauerstoff, Stickstoff, Argon und Krypton.
Auch Gold ist ein Element. Alchemisten haben im Mittelalter

oft versucht, Gold aus Elementen wie Kupfer oder Blei herzustellen. Ihnen war der heutige Elementbegriff unbekannt, sonst hätten sie erkannt, dass die Goldherstellung so gar nicht funktionieren kann. Es gab aber trotzdem Alchemisten, die „Rezepte zur Goldherstellung" verkauften. Sie befanden sich allerdings ständig auf der Flucht, denn nicht wenige dieser Alchemisten endeten am Galgen ...

> Elemente sind Reinstoffe, die sich chemisch nicht weiter in andere Stoffe zerlegen lassen.
> Verbindungen sind aus mindestens zwei Elementen aufgebaut. Sie lassen sich chemisch wieder in Elemente zerlegen.

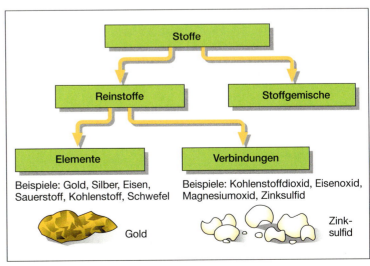

Beispiele: Gold, Silber, Eisen, Sauerstoff, Kohlenstoff, Schwefel

Gold

Beispiele: Kohlenstoffdioxid, Eisenoxid, Magnesiumoxid, Zinksulfid

Zinksulfid

▲ 3 Einteilung der Stoffe

# |3.9| Die Sprache der Chemie

▲ 1  Symbole im Alltag

| Element | heutiges Symbol | Symbol nach DALTON |
|---|---|---|
| Wasserstoff (**H**ydrogenium) | H | |
| Kohlenstoff (**C**arboneum) | C | |
| Stickstoff (**N**itrogenium) | N | |
| Gold (**Au**rum) | Au | |
| Silber (**Ag**entum) | Ag | |
| Kupfer (**Cu**prum) | Cu | |
| Eisen (**Fe**rrum) | Fe | |

▲ 2  Elementsymbole

Einfache Bilder oder Symbole sagen oft mehr aus als viele Worte. So findet man sich auf fremden Bahnhöfen oder Flughäfen gut zurecht, wenn man die Hinweisschilder mit Symbolen beachtet. Solche einfachen Zeichen stellen eine Art Kurzschrift dar, die von vielen Menschen ohne weitere Erklärung verstanden werden. Sie sind von der Sprache des Reisenden völlig unabhängig.

**Symbole für Elemente.** Auch in der Chemie verwendete man schon lange eine Kurzschrift. Viele der von den Alchemisten bis in das 18. Jahrhundert benutzten Zeichen waren aus der Astronomie bekannt.

Zu Beginn des 19. Jahrhunderts hat der englische Chemiker DALTON Kurzzeichen für die damals bekannten Elemente eingeführt. Die heute gebräuchliche Kurzschrift der Chemie hat der Schwede BERZELIUS bereits um 1820 entwickelt. Er schlug vor, die Anfangsbuchstaben der lateinischen oder griechischen Bezeichnungen der Elemente als Abkürzung zu verwenden. So bekam das Element **Sauerstoff** das Symbol **O** vom lateinischen Namen **Oxygenium**. **Schwefel** hat das Symbol **S**, da der lateinische Name **Sulfur** lautet.

Beginnen mehrere Elemente mit dem gleichen Buchstaben, so wird zur Unterscheidung ein zweiter *klein geschriebener* Buchstabe hinzugefügt. So hat das Element Gold das Symbol Au und das Element Silber das Symbol Ag.

Jeder Chemiker kennt und benutzt diese Elementsymbole. Er weiß, dass die Buchstabenfolge Fe zum Beispiel das Element Eisen kennzeichnet. Dabei ist es völlig gleichgültig, welche Sprache er spricht oder in welcher Schrift er schreibt. Die chemischen Symbole sind international.

Für den Chemiker haben die Elementsymbole eine doppelte Bedeutung. Zum einen bezeichnen sie das Element, also den Stoff. Zum anderen stehen sie für ein Atom dieses Stoffes. Nur aus dem jeweiligen Zusammenhang heraus kann man versehen, welche Bedeutung das Symbol gerade besitzt.

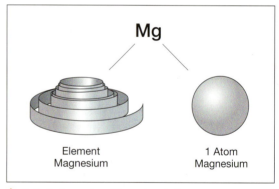

▲ 3  Bedeutung eines Elementsymbols

**Formeln von Molekülen.** Chemische Bezeichnungen gibt es nicht nur für die Elemente, sondern auch für Moleküle.

Die Formel $H_2O$ bedeutet, dass ein Wasser-Molekül aus *zwei* Wasserstoff- und *einem* Sauerstoff-Atom besteht. Die kleine tiefgestellte Indexzahl gibt an, wie viel Atome einer Atomsorte in einem Molekül enthalten sind. Eigentlich müsste man daher $H_2O_1$ schreiben. Die Indexzahl 1 lässt man aber verabredungsgemäß weg.

Verwendet man diese Molekülformeln, erspart man sich also viel Schreibarbeit. Anstatt zwei Sauerstoff-Moleküle schreibt man nur noch $2\,O_2$, drei Wasser-Moleküle werden als $3\,H_2O$ abgekürzt.

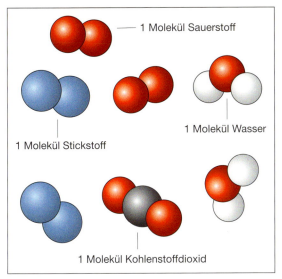

▲ *1 Verschiedene Moleküle*

1 Molekül Sauerstoff

1 Molekül Stickstoff

1 Molekül Wasser

1 Molekül Kohlenstoffdioxid

**Verhältnisformeln.** Kochsalz, für den Chemiker Natriumchlorid, gehört zu den salzartigen Verbindungen. Bei der Reaktion zwischen Natrium und Chlor verbinden sich viele Atome beider Elemente zu einem regelmäßig aufgebauten Kristall.

Experimentell kann man ermitteln, dass an dieser Reaktion genau so viel Natrium-Atome wie Chlor-Atome beteiligt sind. Auf ein Natrium-Atom kommt also immer ein Chlor-Atom. Das *Anzahlverhältnis* der beiden Atomsorten beträgt 1:1.
Beschreibt man dieses Verhältnis mit Indexzahlen, so erhält man als Formel für das Natriumchlorid $Na_1Cl_1$ oder $Na\,Cl$.

Diese **Verhältnisformel** beschreibt damit die kleinstmögliche Einheit einer Verbindung. Sie ist also eine Zähleinheit und wird auch als *Elementargruppe* bezeichnet.

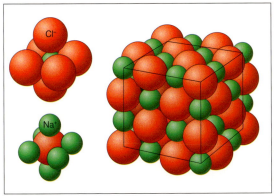

▲ *2 Natriumchlorid-Modell*

$Cl^-$

$Na^+$

**Bedeutung chemischer Formeln.** Molekülformeln und Verhältnisformeln haben zwei Bedeutungen:
1. Sie beschreiben den Aufbau eines Moleküls oder einer Elementargruppe.
2. Sie sind Abkürzungen für die Namen der entsprechenden Stoffe.

Die Formelsprache der Chemie beruht auf Elementsymbolen.
Eine Molekülformel gibt die Elemente und die Anzahl der Atome an, aus denen ein Molekül aufgebaut ist.
Verhältnisformeln geben das Anzahlverhältnis der Atomarten in einem Salz an.

**1 Fragen zum Text**

a) Nach welchen Regeln hat Berzelius die Elementsymbole eingeführt?
b) Welche Doppelbedeutung haben Elementsymbole?
c) Nenne Unterschiede zwischen Molekül- und Verhältnisformel.
d) Welche unterschiedliche Bedeutung haben chemische Formeln?

**2 Theorie**

a) Suche die Elementsymbole für Wolfram, Titan, Quecksilber und Krypton aus dem Tafelwerk oder aus dem Periodensystem.
b) Welche Elemente verbergen sich hinter den Symbolen Fe, Co, Ga, Pb und Br?
c) Kläre mithilfe eines Lexikons, von welchen Namen die Elementsymbole N (für Stickstoff), H (für Wasserstoff), O (für Sauerstoff) und Sb (für Antimon) abgeleitet sind.

**3 Theorie**

a) Schreibe die Molekülformel der abgebildeten Moleküle auf.
b) Informiere dich in Nachschlagewerken, welche der abgebildeten Molekülmodelle für den Stoff Ozon, Ammoniak und Kohlenstoffmonooxid stehen?

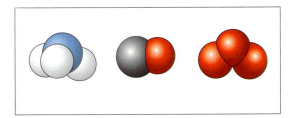

Das im vorigen Kapitel verwendete Atommodell ist das Atommodell nach DALTON. Es wird auch *Kugelteilchenmodell* genannt. Die verschiedenen Atomarten unterscheiden sich hier nur in Masse und Durchmesser. Die chemischen Eigenschaften der Elemente lassen sich mit diesem einfachen Modell nicht erklären.

Die Unterschiede beruhen auf dem unterschiedlichen Bau ihrer Atome. Weil aber das Kugelteilchenmodell zu den unterschiedlichen chemischen Eigenschaften der Elemente keine Erklärung bietet, muss es durch ein etwas weiter entwickeltes Modell ersetzt werden.

Daran wurde seit Beginn des 19. Jahrhundert eifrig geforscht, doch erst im Jahr 1913 gelang dem Physiker ERNEST RUTHERFORD nach vielen Experimenten der Durchbruch. Er entwickelte ein neues Atommodell mit überraschenden Eigenschaften.

**Das Kern-Hülle-Modell.** Jedes Atom hat ein winziges Massezentrum, den **Atomkern.** Er enthält über 99,9 % der Masse des Atoms und ist mehr als 10 000-mal kleiner als das gesamte Atom. Der Kern ist *positiv* geladen, denn er enthält die positiv geladenen Kernteilchen, die **Protonen.**

Um den Atomkern bewegen sich die *negativ* geladenen, fast masselosen **Elektronen.** Sie bilden die Atomhülle mit einem Durchmesser von etwa einem zehnmillionstel Millimeter (0,000 000 1 mm).

Insgesamt ist ein Atom elektrisch *neutral,* denn es hat *gleich viele positive* Ladungen (Protonen) im Kern *wie negative Ladungen* (Elektronen) in der Hülle.

**Das Periodensystem.** Alle Elemente wurden *in der Reihenfolge ihrer Protonenzahlen* in ein übersichtliches System eingeordnet. Man nennt es das **Periodensystem der Elemente,** abgekürzt **PSE.** Hier stehen chemisch verwandte Elemente jeweils in einer **Gruppe** *senkrecht* untereinander. In der zweiten Gruppe sind es beispielsweise die Erdalkalimetalle, in der achten Gruppe die Edelgase.

Die *waagerechten* Reihen nennt man **Perioden,** weil dort Elemente mit ähnlichen Eigenschaften periodisch wiederkehren, in allen Perioden in der gleichen Reihenfolge.

Das abgebildete System enthält nur die Elemente der *Hauptgruppen.* Das vollständige Periodensystem, das auch die Nebengruppenelemente enthält, findet sich am Anfang des Buches.

> Nach dem Kern-Hülle-Modell besteht ein Atom aus einem positiv geladenen, sehr schweren Atomkern und einer negativ geladenen, fast masselosen Atomhülle.
> Im Periodensystem sind die Elemente in der Reihenfolge ihrer Protonenzahlen angeordnet.

**1  Fragen zum Text**

**a)** Wie groß wäre ein Atom, wenn der Kern etwa die Größe eines Tischtennisballs (d = 3 cm) hätte?
**b)** Nach welchen Gesichtspunkten sind die Elemente im Periodensystem angeordnet?
**c)** In welchem Bereich des Periodensystems befinden sich sich die Nichtmetalle?

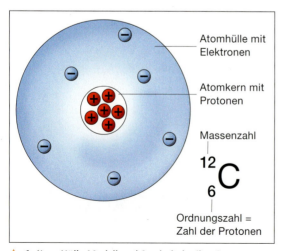

▲ 1  Kern-Hülle-Modell und Symbolschreibweise

| | Gruppe | | | | | | | |
| | I | II | III | IV | V | VI | VII | VIII |
|---|---|---|---|---|---|---|---|---|
| 1 | 1,008 $_1$H | | | | | | | 4,003 $_2$He |
| 2 | 6,94 $_3$Li | 9,01 $_4$Be | 10,81 $_5$B | 12,01 $_6$C | 14,00 $_7$N | 16,00 $_8$O | 19,00 $_9$F | 20,18 $_{10}$Ne |
| 3 | 22,99 $_{11}$Na | 24,31 $_{12}$Mg | 26,98 $_{13}$Al | 28,09 $_{14}$Si | 30,97 $_{15}$P | 32,07 $_{16}$S | 35,45 $_{17}$Cl | 39,94 $_{18}$Ar |
| 4 | 39,10 $_{19}$K | 40,08 $_{20}$Ca | 69,72 $_{31}$Ga | 77,61 $_{32}$Ge | 74,92 $_{33}$As | 78,96 $_{34}$Se | 79,90 $_{35}$Br | 83,80 $_{36}$Kr |
| 5 | 85,47 $_{37}$Rb | 87,62 $_{38}$Sr | 114,8 $_{49}$In | 118,71 $_{50}$Sn | 121,75 $_{51}$Sb | 127,60 $_{52}$Te | 126,90 $_{53}$I | 131,2 $_{54}$Xe |
| 6 | 132,91 $_{55}$Cs | 137,33 $_{56}$Ba | 204,38 $_{81}$Tl | 207,2 $_{82}$Pb | 208,98 $_{83}$Bi | $_{84}$Po | $_{85}$At | $_{86}$Rn |

*Periode* (vertikale Beschriftung links)

▲ 2  Die Hauptgruppen des Periodensystems

**1** a) Edle Metalle kommen gediegen vor, unedle dagegen nur in Form von Verbindungen. Was bedeutet gediegen?
b) Wie kommt Kupfer in der Natur vor?
c) Welche Eigenschaften besitzt Kupfer?
d) Zähle mindestens drei Edelmetalle auf.

**2** Zähle alle dir bekannten Eigenschaften der Stoffgruppe „Metalle" auf.

**3** a) Warum benutzen alle Chemiker eine gemeinsame Zeichensprache?
b) Welche Regeln hat BERZELIUS für die heute gebräuchliche Kurzschrift der Elemente aufgestellt?

**4** Reiner Kohlenstoff kommt in der Natur als Graphit und als Diamant vor.
Zähle Unterschiede in den Eigenschaften dieser beiden Stoffe auf.

**5** a) Wie kann man aus dem abgebildeten Gestein Schwefel gewinnen?
b) In welchen Erscheinungsformen kommt Schwefel vor?
c) Warum hießen Streichhölzer früher auch Schwefelhölzer?

**6** Wasser kann mithilfe von Gleichstrom in Wasserstoff und Sauerstoff zerlegt werden. Man plant, mit Solarstrom Wasserstoff zu erzeugen und diesen zum Beispiel zum Antrieb von Autos zu verwenden. Welche Vor- und Nachteile hat dieses Verfahren?

**7** Stoffe kann man in Stoffgemische, Elemente, Verbindungen und Reinstoffe unterteilen. Versuche diese fünf Begriffe in einer Grafik zu ordnen.

**8** a) Begründe, warum Luftballons nicht mit Wasserstoff, sondern mit dem teuren Helium gefüllt werden.
b) Wird ein Luftballon mit Kohlenstoffdioxid-Füllung ($\varrho$ = 1,8 g/l) steigen, schweben oder sinken?

**9** Der Engländer DALTON entwickelte Anfang des 19. Jahrhunderts ein Atommodell. Welche Aussagen machte er über die Atome?

**10** a) Welche Metalle sind in dem abgebildeten Lötzinn enthalten?
b) Welches Metall ist auf sehr vielen Eisenteilen als Rostschutz aufgebracht?

**11** Verwende für folgende Aufgaben den Anhang in diesem Buch oder ein Tafelwerk.
a) Schreibe die Symbole für Brom, Nickel, Kalium, Gold, Silber und Xenon auf.
b) Wie heißen die zu den folgenden Symbolen gehörenden Elemente: B, Rb, Sn, Pt, Sb und F?
c) Suche die Namen für die folgenden Verbindungen heraus: $H_2O$, $CO_2$, $SO_3$, PbO, ZnS und $N_2O_3$.
d) Schreibe die Formeln für die folgenden Verbindungen auf:
Stickstoffdioxid, Natriumchlorid, Kaliumoxid und Kohlenstoffmonooxid.

**12** Wie muss man ein Reagenzglas halten, wenn man darin Wasserstoff auffangen will?

**13** a) Recherchiere im Internet oder in Sachbüchern, wo es große natürliche Schwefelvorkommen gibt.
b) Nenne mindestens drei Produkte, für deren Herstellung elementarer Schwefel benötigt wird.

# Basis-Wissen

→ **Metalle** bilden eine Stoffgruppe mit gemeinsamen Eigenschaften. Sie glänzen, sind lichtundurchlässig, leiten Wärme und Strom, lassen sich gut verformen und sind bei Zimmertemperatur fest (Ausnahme: Quecksilber).

→ **Gebrauchsmetalle:** Eisen, Blei, Zink, Kupfer, Aluminium und viele andere Metalle verwendet man in vielfältiger Form als Gebrauchsmetalle. Sie sind nicht so beständig wie die Edelmetalle.

→ **Edelmetalle:** Gold, Silber und Platin gehören in die Gruppe der Edelmetalle. Sie sind sehr selten und daher sehr teuer.

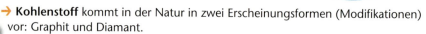

→ **Kohlenstoff** kommt in der Natur in zwei Erscheinungsformen (Modifikationen) vor: Graphit und Diamant.

Graphit wird in der Technik als guter elektrischer Leiter beispielsweise für Schleifkontakte in Elektromotoren verwendet.

Diamanten zeichnen sich durch große Härte aus und werden in Bohrern oder Trennscheiben eingesetzt. In der Schmuckindustrie sind sie wegen ihrer hohen Lichtbrechung und ihres Glanzes sehr beliebt.

→ **Schwefel** ist ein sprödes, gelbes Nichtmetall, das in zwei Erscheinungsformen auftritt, monokliner und rhombischer Schwefel.

Er wird in der chemischen Industrie hauptsächlich als Rohstoff für die Gewinnung von Schwefelsäure und die Herstellung von Gummireifen eingesetzt.

→ **Wasserstoff:** farb- und geruchlos; leichtestes Gas (Dichte: 0,084 g/l); brennbar, mit Sauerstoff explosiv (Knallgas); entsteht bei der Reaktion von Metall + Säure;

Schmelztemperatur: −259 °C    Siedetemperatur: −253 °C

Wichtige Verbindungen: Wasser ($H_2O$), Methan (Erdgas, $CH_4$)

Verwendung: Brennstoff, wichtiger Rohstoff für die chemische Industrie

→ **Chemische Symbole:** Als Abkürzungen für die chemischen Elemente werden **Elementsymbole** verwendet. Sie stehen für den Stoff oder für ein Atom dieses Stoffes.

**Molekülformeln** geben an, welche Atome in welcher Anzahl in einem Molekül vorhanden sind.

**Verhältnisformeln** geben das Anzahlverhältnis der Atomarten in einer Verbindung an.

| Element- symbole | Molekül- formeln | Verhältnis- formeln |
|---|---|---|
| Mg | $O_2$ | $Cu_2O$ |
| Cu | $H_2O$ | MgO |
| Fe | $CO_2$ | ZnO |

→ **Elemente und Verbindungen:** Reinstoffe, die man chemisch nicht weiter zerlegen kann, nennt man **Elemente.**

**Verbindungen** sind aus Elementen aufgebaut und lassen sich wieder in diese zerlegen.

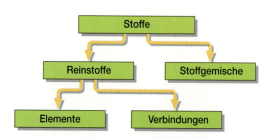

→ **Das Atommodell von DALTON:**
– Alle Stoffe sind aus Atomen aufgebaut.
– Alle Atome eines Elementes haben gleiche Größe und gleiche Masse.
– Atome verschiedener Elemente unterscheiden sich in Größe und Masse.

→ **Kern-Hülle-Modell und Periodensystem**
– Nach dem Kern-Hülle-Modell besteht ein Atom aus einem positiv geladenen, sehr schweren Atomkern und einer negativ geladenen, fast masselosen Atomhülle.
– Im Periodensystem sind die Elemente in der Reihenfolge ihrer Protonenzahlen angeordnet.

# |4| Luft und Wasser

Luft und Wasser sind für ein Leben auf der Erde unentbehrlich. Auf den Sauerstoff der Luft sind wir ständig angewiesen, ohne Wasser hält man es nur 2–3 Tage aus. Wir sollten also verantwortungsbewusst mit diesen lebensnotwendigen Stoffen umgehen.

Die Luft wird durch Industrie, Verkehr, Heizungen oder Brandrodungen weiterhin stark belastet. Nur 0,3 % des gesamten Wasservorkommens auf der Erde können als Trinkwasser genutzt werden. Doch es ist zum großen Teil stark verschmutzt und auch noch ungleich auf der Erde verteilt.

**Dichte der Atmosphäre**

1 %

10 %

50 %

100 %

**Höhe**

40 km — Wetterballon

30 km

Ozonschicht

Militärjet

20 km — Verkehrsflugzeug

10 km — Mount Everest

Heißluftballon — Zugspitze

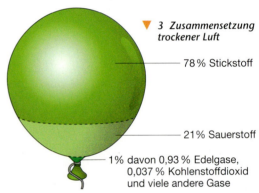

▲ *2 Sauerstoffmaske im Flugzeug*

**Sauerstoffmasken im Jumbo.** Kurz vor dem Start des Flugzeugs informieren die Flugbegleiter die Fluggäste über die Sicherheitssysteme der Maschine.

„Wenn es zu einem plötzlichen Druckabfall in der Maschine kommt, fallen Ihnen von oben die Sauerstoffmasken zu. Drücken Sie diese fest auf Nase und Mund und atmen Sie ruhig weiter."

Dass wir Luft zum Atmen brauchen ist klar, aber warum Sauerstoffmasken, warum keine Luftmasken?

Für Menschen und Tiere ist der Sauerstoff zum Atmen lebensnotwendig. Bei einem Druckabfall im Flugzeug ist die Luft in großen Höhen so dünn, dass der enthaltene Sauerstoffanteil für die Atmung zu gering ist. Es kann zu Bewusstseinsstörungen und gesundheitlichen Schäden kommen. Der zu geringe Sauerstoffgehalt der Luft wird dann durch reinen Sauerstoff ausgeglichen.

**Zusammensetzung der Luft.** Die Luft ist ein Gemisch aus vielen verschiedenen Gasen. Die Hauptbestandteile sind Stickstoff und Sauerstoff. Daneben enthält die Luft Edelgase, Kohlenstoffdioxid und andere gasförmige Stoffe.

Sauerstoff wird bei allen Verbrennungen benötigt. Er wird in der Medizin zur künstlichen Beatmung eingesetzt. In der Technik ist er vielseitig verwendbar. So wird er zum Schweißen und zum Trennen von Metallen benötigt. Die Gewinnung von Stahl aus Roheisen wird mit Sauerstoff durchgeführt. In der Raketentechnik dient er als Treibstoff.

Stickstoff ist wie Sauerstoff farb- und geruchlos. In einer reinen Stickstoffatmosphäre würden alle Lebewesen ersticken. Stickstoff dient vor allem als Grundstoff für die Düngerproduktion.

▼ *3 Zusammensetzung trockener Luft*

78 % Stickstoff

21 % Sauerstoff

1 % davon 0,93 % Edelgase, 0,037 % Kohlenstoffdioxid und viele andere Gase

Die Edelgase Neon, Argon, Krypton und Xenon finden in Leuchtstoffröhren, Glühlampen, UV-Röhren und Autoscheinwerfern technische Verwendung.

Kohlenstoffdioxid entsteht bei allen Verbrennungen – auch bei der Atmung. Es ist für Pflanzen lebensnotwendig.

| | **Sauerstoff** | **Stickstoff** |
|---|---|---|
| Dichte bei 20 °C | 1,33 g pro l | 1,17 g pro l |
| Schmelztemperatur | – 219 °C | – 210 °C |
| Siedetemperatur | – 183 °C | – 196 °C |
| Löslichkeit in 1 l Wasser (bei 20 ° C) | 31 ml | 16 ml |

▲ *4 Physikalische Eigenschaften von Sauerstoff und Stickstoff*

**Teilchen in der Luft.** Es ist bereits bekannt, dass alle Stoffe aus kleinsten Teilchen bestehen. Die meisten gasförmigen Stoffe bestehen aus **Molekülen.** Die Moleküle der Luft bewegen sich unabhängig voneinander.

▲ 1  Teilchen in der Luft

Die Moleküle des Sauerstoffs sind aus zwei Sauerstoff-Atomen aufgebaut. Die Atome sind fest miteinander verbunden, zwischen den Molekülen bestehen nur geringe Anziehungskräfte.
Der Stickstoff der Luft bildet Moleküle aus zwei Stickstoff-Atomen. Die Moleküle des Kohlenstoffdioxids bestehen aus einem Kohlenstoff-Atom und zwei Sauerstoff-Atomen. Die Edelgase dagegen kommen nur als **Atome** vor.

Sauerstoff      Stickstoff      Edelgas

> Die Luft ist ein Gemisch aus verschiedenen Gasen. Hauptbestandteile sind Stickstoff und Sauerstoff.
> Stickstoff und Sauerstoff liegen als Moleküle vor, Edelgase als Atome.

**1  Fragen zum Text**

a) Nenne die beiden Hauptbestandteile der Luft.
b) Welches in der Luft vorhandene Gas unterstützt die Verbrennung?
c) Luft wird bei etwa −200 °C flüssig. Erwärmt man die flüssige Luft vorsichtig, so entweicht zunächst überwiegend Stickstoff. Erkläre dieses Ergebnis.

**2  Demonstrations-Experiment**

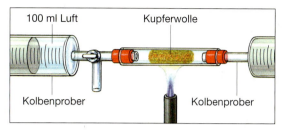

100 ml Luft      Kupferwolle

Kolbenprober      Kolbenprober

Den Sauerstoffgehalt der Luft kann man durch die Verbrennung von Kupferwolle ermitteln.
Zunächst füllt man einen Kolbenprober mit 100 ml Luft. Dann erhitzt man mit dem Brenner die Kupferwolle. Nun drückt man die Luft mehrmals über die erhitzte Kupferwolle von einem Kolbenprober in den anderen.
Wenn man trotz Erhitzens mit dem Brenner das Kupfer nicht mehr zum hellen Glühen bringt, ist der Sauerstoff verbraucht. Man lässt dann die Versuchsgeräte abkühlen und ermittelt aus der Differenz der Luftmengen vor und nach dem Erhitzen den Sauerstoffgehalt der Luft.

**3  Demonstrations-Experiment**

In einem Gasentwickler wird verdünnte Wasserstoffperoxid-Lösung auf etwas Braunstein (z. B. in Tablettenform) getropft. Der **entstehende Sauerstoff** wird aufgefangen.
Mit der Glimmspanprobe kann man das enstandene Gas als Sauerstoff identifizieren.

**4  Experiment**

Entzünde einen Holzspan. Lasse ihn kurze Zeit brennen und puste ihn dann wieder aus. Halte den noch glimmenden Holzspan in ein mit Sauerstoff gefülltes Gefäß.
Dieser Versuch wird als **Glimmspanprobe** bezeichnet und dient zum Nachweis von Sauerstoff. Beschreibe und begründe deine Beobachtung.

Alle Menschen, Tiere und Pflanzen brauchen Wasser zum Leben. Wasser ist ein Lebensmittel, das durch keinen anderen Stoff ersetzt werden kann.

Die Wasservorräte sind aber sehr ungleich auf der Erde verteilt. In Deutschland steht ausreichend Trinkwasser bereit. Der durchschnittliche Wasserverbrauch liegt zur Zeit bei etwa 130 l pro Person und Tag.

40 % der Weltbevölkerung werden dagegen unzureichend mit Trinkwasser versorgt. So stehen zum Beispiel in Madagaskar jeden Tag durchschnittlich nur 5 l Wasser für jeden Bewohner zur Verfügung.

In Gegenden, wo viel Wasser vorhanden ist, können alla Lebewesen verschwenderisch damit umgehen. Dort, wo wenig Wasser verfügbar ist, haben sich die Lebewesen dem Wassermangel angepasst.

So können Kakteen sehr lange ohne Wasser auskommen. Wenn es in ihrem Lebensraum einmal regnet, so nehmen sie mit ihrem weit verzweigten Wurzelgeflecht viel Wasser auf und speichern es. Dieser Vorrat muss oft für viele Monate reichen.

Durch Eingriffe in den Wasserhaushalt der Erde kann es zu klimatischen Veränderungen kommen. Beispiel dafür sind das Austrocknen des Aralsees in Russland oder das Abholzen der Regenwälder in den Tropen.

▲ *1 Kakteen kommen mit wenig Wasser aus.*

▲ *2 Einst schwammen Fischkutter auf dem Aralsee, heute trotten Kamele durch den Sand.*

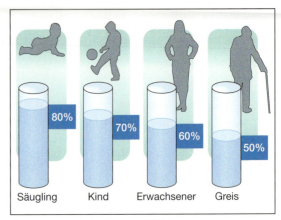

▲ *3 Wassergehalt des menschlichen Körpers*

Säugling 80% — Kind 70% — Erwachsener 60% — Greis 50%

Ein Mensch kann ohne Nahrung ein bis zwei Wochen auskommen, ohne Wasser jedoch höchstens 2–3 Tage.

Wasser ist der Hauptbestandteil des Blutes und transportiert die Nährstoffe überall dorthin, wo sie gebraucht werden. Auf dem „Rückweg" nimmt er die Abfallstoffe mit.

Auch unsere Körpertemperatur wird durch gespeichertes Wasser reguliert, bei Hitze fangen wir an zu schwitzen.

Der Wasseranteil des Körpers verändert sich mit zunehmendem Alter. Die Altersfalten sind Zeugnis dafür.

> Wasser ist ein lebenswichtiger Stoff für Menschen, Tiere und Pflanzen.

**1 Fragen zum Text**

a) Wieso ist Wasser ein lebenswichtiger Stoff?
b) Warum können Kakteen lange Zeit ohne Wasseraufnahme leben?
c) Warum werden landwirtschaftliche Gebiete häufig künstlich bewässert?

**2 Alltag**

a) Erkundige dich, wie viel Flüssigkeit ein Erwachsener täglich aufnehmen soll.
b) Begründe, warum Wasser nicht nur Transportmittel, sonder auch Baustoff im menschlichen Körper ist.

**3 Umwelt**

Durch Absenken des Grundwasserspiegels können Veränderungen der Erdoberfläche erfolgen. Nenne Beispiele dafür.

# Pinnwand

## Wassernutzung

Die UNO zur Trinkwasserversorgung in der Welt:
– Alle 8 Sekunden stirbt ein Kind an einer Krankheit, die mit unzureichender Wasserversorgung zusammenhängt
– 80 % der Krankheiten in den Entwicklungsländern werden durch verschmutztes Wasser verursacht
– 50 % aller Menschen stehen keine geordneten sanitären Einrichtungen zur Verfügung
– Der Bedarf an Wasser wächst doppelt so schnell wie die Weltbevölkerung.

**1.** Welches sind die Länder mit der größten Wasserknappheit?
**2.** Was können wir dazu beitragen, damit sich die Trinkwasserversorgung verbessert?

Kasachstan

Syr-Darja

*Aralsee*

Amu-Darja

Usbekistan

Wasserfläche 1992

seit 1960 verlandete Wasserfläche

Versickerung eines Flusslaufes

0          100 km

Bis vor etwa 50 Jahren war der Aral-See der viertgrößte der Welt. Sein Fischreichtum war bekannt. Doch bis zum Jahr 2000 ist die Wasserfläche auf die Hälfte geschrumpft! Die Wassermenge beträgt nur noch etwa ein Fünftel der damaligen Menge! Woran liegt das?
Der See wird durch zwei Flüsse mit Wasser aus dem Gebirge versorgt. Diese beiden Flüsse werden in ihrem Oberlauf für die intensive Bewässerung von Baumwollfeldern angezapft. Sie versorgen außerdem große Industriebetriebe und Städte mit Wasser. Als Folge davon fließt heute nur noch ganz wenig Wasser in den Aral-See.

**3.** Welche katastrophalen Folgen könnte das Austrocknen des Aral-Sees für Menschen, Tiere und Pflanzen haben? Informiere dich dazu auch im Internet.
**4.** Suche weitere Beispiele für das Eingreifen der Menschen in natürliche Wasserkreisläufe.

Mit Wasser in Trinkwasserqualität wird oft verschwenderisch umgegangen. Für viele Zwecke kann man auch Regenwasser oder ungereinigtes Grundwasser aus Hausbrunnen verwenden. Diese Wasserarten bezeichnet man auch als Brauchwasser.

**5.** Beschreibe, wie die abgebildete Hauswasseranlage funktioniert.
**6.** Wo kann man im Haus Brauchwasser einsetzen?
**7.** Welche Vorteile hat die Nutzung von Brauchwasser?

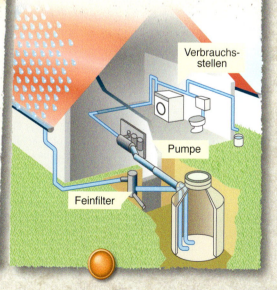

Verbrauchsstellen

Pumpe

Feinfilter

# |4.3| Wie gewinnt man Trinkwasser?

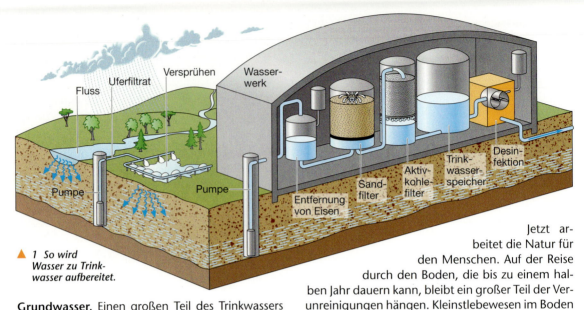

Fluss — Uferfiltrat — Versprühen — Wasser-werk — Pumpe — Pumpe — Entfernung von Eisen — Sand-filter — Aktiv-kohle-filter — Trink-wasser-speicher — Desin-fektion

▲ *1 So wird Wasser zu Trink-wasser aufbereitet.*

**Grundwasser.** Einen großen Teil des Trinkwassers gewinnt man aus Grund- und Quellwasser. Es entsteht aus dem Niederschlag, der im Boden versickert. Bevor dieses Wasser auf eine wasserundurchlässige Schicht trifft, läuft es durch Erd- und Sandschichten. Hier bleiben die Schmutzteilchen in den feinen Poren hängen.

Im Wasserwerk werden diesem Wasser, das schon natürlich gereinigt ist, gelöste Eisenverbindungen entzogen. In einem Sandfilter werden noch vorhandene Trübstoffe entfernt. Anschließend kann es in das Trinkwassernetz eingespeist werden.

**9 % Quellwasser**
**64 % Grundwasser**
**27 % Oberflächenwasser**

▲ *2 Woher kommt das Trinkwasser?*

**Aufbereitung von Oberflächenwasser.** Leider reicht das vorhandene Grundwasser nicht aus. Man muss deshalb auf Oberflächenwasser zurückgreifen, zum Beispiel auf Elbwasser.
*Trinkwasser* aus der Elbe, ist das möglich?
Ja! Die Wasserqualität der Elbe hat sich in den letzten Jahren so verbessert, dass Elbwasser nach einer gründlichen Reinigung in Aufbereitungsanlagen wieder als Trinkwasser verwendet werden kann.

Zunächst wird wenige hundert Meter neben dem Fluss Wasser aus Brunnen entnommen. Dieses so genannte *Uferfiltrat* wird nach einer kurzen Vorbehandlung in einem Wasserschutzgebiet in die Luft versprüht. Dabei wird es mit Sauerstoff angereichert. Es versickert anschließend wieder im Boden.

Jetzt arbeitet die Natur für den Menschen. Auf der Reise durch den Boden, die bis zu einem halben Jahr dauern kann, bleibt ein großer Teil der Verunreinigungen hängen. Kleinstlebewesen im Boden bauen weitere Verschmutzungen ab. Dafür wird der im Wasser gelöste Sauerstoff benötigt.

Aus tief gelegenen Brunnen wird das Wasser dann wieder an das Tageslicht befördert. Die letzte große Reinigungsarbeit leistet dann die Aktivkohle. In den kleinen schwarzen porösen Körnchen mit der riesigen Oberfläche von etwa 1000 m$^2$ pro Gramm bleiben die noch vorhandenen Verunreinigungen haften; man sagt, sie werden *angelagert (adsorbiert)*.

Meist wird aufbereitetes Wasser aus Uferfiltrat und aus Grundwasser gemischt. Es muss wie jedes Trinkwasser den Qualitätsanforderungen der Trinkwasserverordnung entsprechen.

Damit das so gewonnene Trinkwasser den Weg durch viele Kilometer lange Rohrleitungen unbeschadet übersteht, behandelt man es noch mit *Chlor* oder *Ozon*. So werden Krankheitserreger abgetötet.

Neben Flusswasser wird oft auch anderes Oberflächenwasser genutzt: Wasser aus Seen oder Talsperren.

> Trinkwasser wird aus Grundwasser, Quellwasser und Oberflächenwasser gewonnen. Wasser aus Flüssen muss oft sehr aufwändig gereinigt werden, bevor es genutzt werden kann. Zum Schutz vor Keimen wird das Trinkwasser mit Chlor oder Ozon behandelt.

 **1 Fragen zum Text**

**a)** Aus welchen Wasservorräten kann Trinkwasser gewonnen werden?
**b)** Wie wird aus Flusswasser Uferfiltrat?
**c)** Auf welche Weise wird das Wasser im Boden gereinigt?
**d)** Erkläre die Reinigungswirkung von Aktivkohle.
**e)** Warum wird Trinkwasser mit Chlor versetzt?

**2 Experiment**

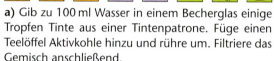

**a)** Gib zu 100 ml Wasser in einem Becherglas einige Tropfen Tinte aus einer Tintenpatrone. Füge einen Teelöffel Aktivkohle hinzu und rühre um. Filtriere das Gemisch anschließend.
**b)** Fülle eine Flasche mit 0,5 l Trinkwasser. Gib einen Tropfen Dieselöl dazu. Verschließe die Flasche und schüttle kräftig. Prüfe den Geruch des Gemischs.
Gib dann einen Teelöffel Aktivkohle dazu, schüttle und prüfe erneut den Geruch.

**3 Experiment**

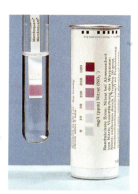

Nach der Trinkwasserverordnung darf ein Liter Trinkwasser nicht mehr als 50 mg Nitrat enthalten. Nitrate sind Pflanzennährstoffe, die gesundheitsschädlich sein können. Ist zuviel Eisen im Wasser gelöst, verschlechtert sich der Geschmack. Der erlaubte Grenzwert liegt hier bei 0,05 mg pro Liter. Ermittle mithilfe von Teststäbchen den Nitrat- und Eisengehalt verschiedener Trink- und Mineralwasserproben.

**4 Alltag**

**a)** Woher stammt euer Trinkwasser?
**b)** Ermittle den täglichen Wasserverbrauch deiner Familie. Vergleiche mit den Angaben im Buch.

## Exkurs: Alltag

## Wie verwenden wir unser Wasser?

In Deutschland verwendet jeder Einwohner im *privaten Bereich* jeden Tag rund 130 l Wasser.
Zusätzlich werden aber auch für die Straßenreinigung, für die Pflege von Grünanlagen, für Krankenhäuser oder für Schwimmbäder große Mengen Wasser benötigt. Pro Person und Tag sind das im *öffentlichen Bereich* weitere 150 l.
Haushalte, Kleingewerbe und Landwirtschaft nutzen zusammen allerdings „nur" rund 15 % der benötigten Wassermenge. Großverbraucher sind Kraftwerke und Industriebetriebe. Mehr als die Hälfte des genutzten Wassers in Deutschland wird zur *Kühlung von Kraftwerken*

Kraftwerke 64 %
Industrie 22 %
Haushalt und Kleingewerbe 11 %
Landwirtschaft 1 %

**Gesamter Wasserbedarf: 41 Milliarden Kubikmeter pro Jahr**

verwendet. Dieses „Kühlwasser" gelangt wenig verschmutzt, aber erwärmt in die Flüsse zurück.
Auch die Industrie verwendet Kühlwasser, aber mehr Wasser wird direkt für die *Herstellung von Waren* benötigt. So benötigt man zum Beispiel für die Herstellung eines winzigen Mikrochips 80 l Wasser. Bei der Produktion eines Autos werden fast 400 000 l Wasser verschmutzt.
Aber auch hier wird gespart. Vor 50 Jahren benötigte man zur Herstellung von einem Kilogramm Papier noch 100 l Wasser. Heute kommt man mit 20 Litern aus.

Trinken, Kochen 3 l
Wäsche 20 l
Baden, Duschen 40 l
WC 45 l
Wohnungsreinigung 4 l
Körperpflege 10 l
Garten 5 l
Geschirr spülen 4 l
Autowäsche 3 l

# |4.4| Abwasserreinigung

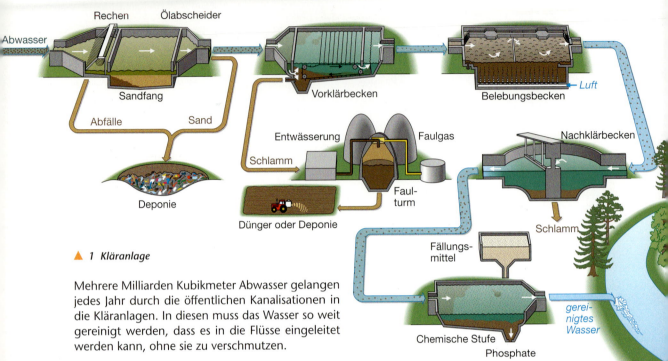

Rechen   Ölabscheider

Abwasser

Sandfang

Abfälle       Sand

Deponie

Entwässerung       Faulgas

Schlamm

Dünger oder Deponie

Faul-
turm

Vorklärbecken

Belebungsbecken       ← Luft

Nachklärbecken

Schlamm

Fällungs-
mittel

Chemische Stufe
Phosphate

gerei-
nigtes
Wasser

▲ 1 *Kläranlage*

Mehrere Milliarden Kubikmeter Abwasser gelangen jedes Jahr durch die öffentlichen Kanalisationen in die Kläranlagen. In diesen muss das Wasser so weit gereinigt werden, dass es in die Flüsse eingeleitet werden kann, ohne sie zu verschmutzen.

**Mechanische Reinigungsstufe.** Zunächst passiert das Abwasser *Rechen*, in denen die groben Feststoffe hängen bleiben. Im *Sandfang*, der von dem Abwasser langsam durchlaufen wird, setzt sich der mitgeführte Sand ab. Fette und Öle, die auf dem Abwasser schwimmen, werden im *Ölabscheider* abgetrennt. Im *Vorklärbecken* sinkt der größte Teil der Schwebstoffe zu Boden. Sie werden vom Grund des Vorklärbeckens abgezogen.

**Biologische Reinigungsstufe.** Das von Schwebstoffen weitgehend gereinigte Abwasser enthält noch zahlreiche gelöste Verunreinigungen. Es sind vor allem Kohlenstoff-Verbindungen. Sie werden im *Belebungsbecken* entfernt. Hier laufen dieselben Reinigungsvorgänge ab wie in natürlichen Gewässern: Mikroorganismen fressen die organischen Stoffe im Abwasser. Sie nutzen also die Abfallstoffe als Nahrungsquelle. Deshalb vermehren sie sich stark. Die Bakterien brauchen zum Leben auch Sauerstoff. Er gelangt durch das Einblasen von Luft oder mithilfe großer Rührwerke in das Abwasser.
Das trübe Abwasser fließt dann in das *Nachklärbecken*. Hier sinken die Mikroorganismen nach unten und setzen sich am Boden ab.

**Chemische Reinigungsstufe.** Ein großer Teil der gelösten Salze ist immer noch im Abwasser. Durch die gezielte Zugabe von *Chemikalien* können diese noch entfernt werden. So kann man zum Beispiel durch die Zugabe von Eisensalzen Phosphate ausfällen und entfernen. So vermeidet man eine Überdüngung der Flüsse. Jetzt darf das geklärte Wasser in einen Fluss eingeleitet werden.

**Faulschlamm.** Der überschüssige Schlamm wird in *Faultürme* gebracht. In diesen wird er unter Luftabschluss von speziellen Bakterien zersetzt. Dabei bildet sich brennbares Faulgas. Es besteht vor allem aus Methan und Kohlenstoffdioxid. Der zurückbleibende Klärschlamm wird verbrannt oder auf die Deponie gebracht, wenn er zu viele Schadstoffe enthält. Ist er wenig belastet, kann er als Dünger verwendet werden.

> In Kläranlagen wird das Abwasser mechanisch, biologisch und chemisch gereinigt. Nach der Reinigung wird das geklärte Wasser in Flüsse geleitet.

**1** **Fragen zum Text**

a) Beschreibe die drei Stufen der Abwasserreinigung.
b) Welche Aufgaben haben die Mikroorganismen?
c) Warum bläst man Luft in das Belebungsbecken?
d) Warum ist es sinnvoll, dass Kläranlagen mit einer chemischen Reinigungsstufe versehen werden?

## 2 Experiment

Stelle dir ein Modellabwasser aus Wasser, Sand, Erde, kleinen Steinen und Papierstücken her. Versuche, mit möglichst einfachen Mitteln die „Verunreinigungen" aus dem Wasser abzutrennen. Plane zunächst die Versuche und probiere sie anschließend selbst aus.

## 3 Technik

Die Abwasserkanäle in Deutschland sind etwa so lang wie die Strecke von der Erde bis zum Mond: etwa 400 000 km!

Bei älteren Abwasserkanälen werden Abwasser und Regenwasser gemeinsam abgeleitet (Mischkanalisation). In den letzten Jahren wurden überwiegend getrennte Kanalsysteme für Regenwasser und für Abwasser angelegt.

Welche Vorteile hat die getrennte Kanalisation gegenüber der Mischkanalisation?

## 4 Umwelt

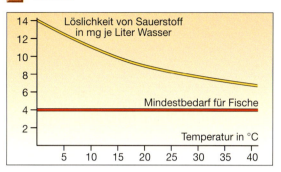

In Deutschland verwenden Kraftwerke und Industriebetriebe Wasser auch zur Kühlung von Anlagen. Man nutzt häufig Flusswasser, das dann aufgewärmt in die Flüsse zurückgelangt.

Erkläre mithilfe der Grafik, welche Folgen diese Erwärmung für das Leben in einem Fluss haben kann.

# Exkurs: Technik

## Die neue Kläranlage – eine teure Reinigung

Herr Schuster ist zufrieden. Sein Einfamilienhaus ist endlich an die neue Kläranlage angeschlossen.

Die Anlage ist für 20 000 Einwohner angelegt. Das reicht für die 8 000 Bewohner der Gemeinde und die Industrieabwässer der fünf ortsansässigen Betriebe. So wird das Abwasser der Schlachterei mit der Abwassermenge von 600 Personen gleichgestellt. Die mehr als 25 Millionen Euro teure Anlage ist nach zweijähriger Bauzeit fertig gestellt worden.

Beim Tag der offenen Tür erfährt Herr Schuster von den Problemen der Kläranlage im Betrieb. Schon beim Probelauf war die Anlage durch eingeleitete Säure umgekippt. Die biologische Klärstufe fiel aus, weil die Mikroorganismen im Belebtschlammbecken getötet wurden. Durch Beimpfen mit lebenden Bakterien hat sich das Becken wieder erholt.

Andere Probleme bereitete der Faulschlamm. Er kann giftige Blei-, Cadmium- und Quecksilberverbindungen enthalten und muss deshalb getrocknet zu einer Spezialdeponie gebracht werden.

Der Klärwärter hat nicht nur die Anlage zu überwachen. Er muss auch die Abwässer untersuchen, ob die vorgegebenen Grenzwerte eingehalten werden.

▲ 2 Probennahme in einer Kläranlage

Was das alles kostet, überrascht Herrn Schuster später auf der Abrechnung der Gemeinde. Der Preis für ein Kubikmeter Abwasser liegt über zwei Euro.

**5** Erkundige dich nach den Trinkwasser- und Schmutzwasserpreisen in deiner Gemeinde.

**6** Über welche Reinigungsstufen verfügt die Kläranlage deiner Gemeinde?

## Wie kann man Ergebnisse präsentieren?

Die Klasse 8a hat sich während einer mehrtägigen Klassenfahrt in den Thüringer Wald mit dem Thema Wasser beschäftigt. Die Ergebnisse dieser Arbeit wollen die Schüler den Eltern auf einem Elternabend vorstellen. Doch zunächst überlegen sie, wie man Arbeitsergebnisse überhaupt darstellen kann.

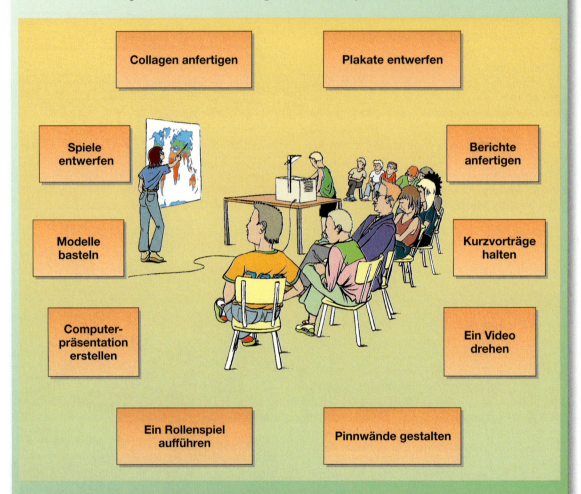

Collagen anfertigen

Plakate entwerfen

Spiele entwerfen

Berichte anfertigen

Modelle basteln

Kurzvorträge halten

Computer-präsentation erstellen

Ein Video drehen

Ein Rollenspiel aufführen

Pinnwände gestalten

**1.** Zähle weitere Möglichkeiten auf, wie man Arbeitsergebnisse präsentieren kann.

**2.** Stelle Vor- und Nachteile der aufgeführten Beispiele zusammen. Denke dabei an:
– Arbeits- und Zeitaufwand
– Verfügbarkeit der Materialien
– Räumliche Möglichkeiten für die Vorstellung
– Kosten.

**Tipps zur Präsentation**

• Denkt vor und während der Arbeit schon an die Präsentation und sammelt Unterlagen dafür.

• Überlegt, ob ihr Hilfen für die Präsentation von außen benötigt und wo ihr diese herbekommt (zum Beispiel Pappen, Farben, spezielle Stifte, Beamer, Videogerät usw.)

• Lasst zwischen der abgeschlossenen Arbeit und der Präsentation nicht zu viel Zeit verrinnen. Man vergisst sonst viele Einzelheiten.

# Wie gestaltet man ein Plakat?

Mit einem **Plakat** kann man Mitschülern, Eltern und anderen Interessierten ein Thema präsentieren, das ihr zum Beispiel in einer Gruppe erarbeitet habt.

Plakate sollen groß und auffällig sein, damit man auf sie aufmerksam wird. Sie sollen dem Betrachter etwas mitteilen – und das möglichst knapp und einprägsam.

Wenn ihr die Informationen zum Thema gesammelt und ausgesucht habt, müsst ihr überlegen, wie ihr diese auf dem Plakat anordnet. Am besten ist es, wenn ihr vorher eine Skizze macht und aufzeichnet, wie ihr das Plakat gliedern wollt.

Folgende Hinweise solltet ihr beachten:

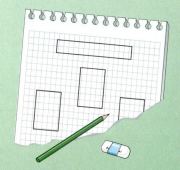

## Vom Wasser zum Abwasser

**Die Unterschiede im Wasserverbrauch auf der Welt sind enorm.**
In Deutschland steht genügend Wasser zur Verfügung. Doch in vielen heißen Ländern ist es schwierig, den täglichen Trinkwasserbedarf von 2–3 Litern zu decken.

Überlege, welchen **Hintergrund** euer Plakat haben soll. Farbiges Papier fällt vielleicht stärker auf; auf weißem Untergrund kann man allerdings den Text besser lesen.

Gestalte zuerst eine treffende **Überschrift**. Sie sollte auch aus einigen Metern Entfernung zu lesen sein – also nicht zu klein schreiben!

Wasserverbrauch pro Jahr für eine Person in Kubikmeter (privater und öffentlicher Bereich, Kraftwerke, Industrie)

| Ghana | Jordanien | Deutschland | Europa | USA |
|---|---|---|---|---|
| 98 | 204 | 570 | 712 | 2200 |

Suche **aussagekräftige Abbildungen** – nicht die Menge zählt.

**Wofür verwenden wir in Deutschland unser Wasser?**
Das meiste brauchen wir gar nicht zum Trinken, sondern zum Waschen, Duschen und für die Toilette. Hier kann man oft noch Wasser sparen. Denn verschmutztes Wasser muss aufwändig gereinigt werden.

**Lege** vor dem Aufkleben alle Teile des Plakates **an ihren Platz** und prüfe, ob alles passt wie vorgesehen – und beurteile den **Gesamteindruck.**

Baden, Duschen 40 l — Trinken, Kochen 3 l — Wäsche 20 l — Garten 5 l — WC 45 l — Geschirr spülen 4 l — Wohnungsreinigung 4 l — Körperpflege 10 l — Autowäsche 3 l

Der Text muss gut lesbar sein. Schreibe mit einem **dicken Stift** oder lass ihn mithilfe des **Computers** ausdrucken.

Abwasser — Rechen — Ölabscheider — Sandfang — Abfälle — Sand — Vorklärbecken — Belebungsbecken — Luft — Entwässerung — Faulgas — Nachklärbecken — Schlamm — Deponie — Faulturm — Dünger oder Deponie — Schlamm — Fällungsmittel — gereinigtes Wasser — Chemische Stufe — Phosphate

Ein Plakat muss übersichtlich sein: Baue nur **so viel Text ein, wie nötig.**
Achte auf den Informationsgehalt und auf die Lesbarkeit.

**In einer Kläranlage** wird das Abwasser mechanisch, biologisch und oft auch chemisch gereinigt. Die meiste Reinigungsarbeit leisten Mikroorganismen, die den Schmutz aus dem Wasser „wegfressen".

# |4.5| Wasser – Element oder Verbindung?

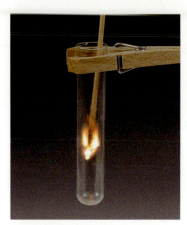

▲ 1 Glimmspanprobe

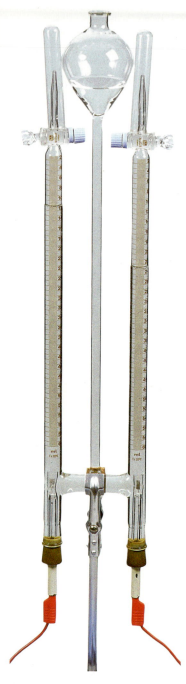

▲ 4 Hofmannscher Wasserzersetzer

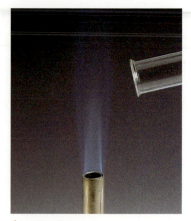

▲ 2 Knallgasprobe

**Zerlegung (Analyse) des Wassers.** Den Beweis, dass Wasser eine chemische Verbindung ist, hat der Chemiker Hofmann in der zweiten Hälfte des 19. Jahrhunderts mit seinem Wasserzersetzungsapparat angetreten. Das Gerät wird mit Wasser gefüllt, dem zur besseren Leitfähigkeit etwas Säure zugesetzt wurde. Wenn man das Gerät an eine Gleichspannungsquelle anschließt, kann man beobachten, dass an beiden Elektroden Gase aufsteigen. Am Minuspol kann das Gas Wasserstoff entzündet werden; am Pluspol lässt sich mit der Spanprobe Sauerstoff nachweisen. Es entsteht immer doppelt so viel Wasserstoff wie Sauerstoff.
Wasser lässt sich also in Wasserstoff und Sauerstoff zerlegen:
Wasser $\longrightarrow$
      Wasserstoff + Sauerstoff.

**Bau des Wasser-Moleküls.** Ein Wasser-Molekül besteht aus einem Sauerstoff-Atom und zwei Wasserstoff-Atomen. Die Formel des Wassers ist daher $H_2O$.

3 Modell eines
Wasser-
Moleküls ▶

**Wassersynthese.** Wasserstoff und Sauerstoff können miteinander reagieren, dabei entsteht eine farblose Flüssigkeit – das Wasser:
Wasserstoff + Sauerstoff
          $\longrightarrow$ Wasser.

Diese Reaktion nennt man Knallgasprobe, weil Sauerstoff und Wasserstoff sehr heftig, oft mit einem gut hörbaren Geräusch, miteinander reagieren.

Die Analyse und die Synthese des Wassers sind einander entgegengesetzt ablaufende Reaktionen. Bei der Analyse des Wassers wird Energie zugeführt.
Die Synthese läuft unter Energieabgabe ab.

> Wasser ist eine chemische Verbindung, die aus den Elementen Wasserstoff und Sauerstoff besteht. Die Formel des Wassermoleküls heißt $H_2O$.

🟧 **Fragen zum Text**

**a)** Welche Gase entstehen bei der Zerlegung von Wasser?
**b)** Wie nennt man den Nachweis des Sauerstoffs?

**1** a) Wie ist die Luft auf der Erde zusammengesetzt?
b) Wie sind Sauerstoff-Moleküle aufgebaut, wie die Stickstoff-Moleküle?
c) Zeichne das Modell eines Sauerstoff-Moleküls.
d) Wie liegen die Edelgase in der Luft vor?

**2** Passagierflugzeuge fliegen meistens in einer Höhe von rund zehn Kilometern. Dort ist nicht genug Luft zum Atmen vorhanden. Warum bemerken das die Fluggäste nicht?

**3** Ein Liter Luft wiegt 1,3 Gramm.
a) Berechne die Masse der Luft, die sich in einem Sitzball mit 40 Liter Volumen befindet.
b) Schätze zunächst die Masse der Luft in deinem Klassenzimmer und berechne es anschließend auch. Vergleiche die beiden Zahlenwerte miteinander.

**4** a) Wie führt man diesen Versuch durch?
b) Was will man mit diesem Versuch nachweisen?

**5** Wie kann man nachweisen, dass ausgeatmete Luft Wasserdampf enthält?

**6** a) Wasser ist auch ein Lösemittel für Gase. Überlege dir ein Experiment, mit dem du zeigen kannst, dass Gase im Wasser gelöst sind.
b) Wie kann man zeigen, dass Wasser eine Verbindung ist und kein Element?

**7** a) Ordne die Reinigungsstationen einer Kläranlage in der richtigen Reihenfolge an: Fettabscheider, Rechen, Belebungsbecken, Sandfang, Vorklärbecken, Nachklärbecken.
b) In vielen Kläranlagen fehlt immer noch die chemische Reinigungsstufe. Welche Folgen hat das?

**8** a) Beschreibe die Zersetzung von Wasser durch elektrischen Strom.
b) Wie lassen sich die Stoffe nachweisen, die bei der Zerlegung entstehen?

**9** a) Wie müsste das Produkt aus der Reaktion zwischen Wasserstoff und Sauerstoff chemisch exakt genannt werden? Schreibe die Reaktionsgleichung auf.
b) Zeichne ein Modell des Wasser-Moleküls.

**10** a) Welche Aufgaben hat das Wasser im menschlichen Körper?
b) Ein 60 Kilogramm schwerer Mensch verliert täglich etwa 2,5 l Wasser – 1,5 l durch Ausscheiden, 0,5 l durch Schwitzen und 0,5 l beim Ausatmen. Um diese Verluste auszugleichen, trinkt man täglich etwa 1,5 l Wasser in Form verschiedener Getränke. Wie nimmt der Mensch die restliche Flüssigkeitsmenge auf?

→ **Zusammensetzung der Luft:**

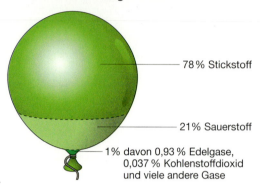

- 78 % Stickstoff
- 21 % Sauerstoff
- 1 % davon 0,93 % Edelgase, 0,037 % Kohlenstoffdioxid und viele andere Gase

Die Luft ist ein Gemisch verschiedener Gase. Sie besteht im Wesentlichen aus Stickstoff und Sauerstoff. Lebenswichtig für Tier und Mensch ist der Sauerstoff.

**Stickstoff:**
– farbloses, geruchloses Gas
– erstickt Flammen

**Sauerstoff:**
– farbloses, geruchloses Gas
– wichtig für die Atmung

→ **Wasser** bewegt sich in einem ständigen Kreislauf, der von der Sonne angetrieben wird. Wasser ist auf der Erde ungleich verteilt. Nur ein kleiner Teil des gesamten Wassers ist Süßwasser.

→ **Trinkwasser** ist lebenswichtig. Es stammt aus Grund-, Quell und Oberflächenwasser und wird zum Teil mit großem Aufwand gereinigt, um es nutzbar zu machen.

→ **Abwasser** durchläuft auch einen Kreislauf. Je verschmutzter das Abwasser ist, desto größer ist der Aufwand für die Reinigung.

→ **Kläranlagen** reinigen das Abwasser mechanisch, biologisch und zum Teil auch chemisch:

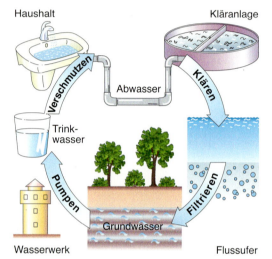

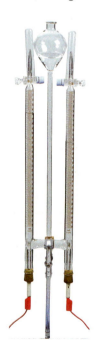

| mechanisch | biologisch | chemisch |
|---|---|---|
| Rechen, Sandfang, Ölabscheider Vorklärbecken | Belebungsbecken Nachklärbecken | Phosphatfällung |

Fluss

→ **Wasser = H$_2$O:** Wasser ist eine chemische Verbindung aus Wasserstoff und Sauerstoff.
Beweisen lässt sich das durch eine Zerlegung in die Elemente (Analyse) und eine anschließende Herstellung aus den Elementen (Synthese):

$$2\,H_2 \quad + \quad O_2 \quad \underset{\text{Analyse}}{\overset{\text{Synthese}}{\rightleftarrows}} \quad 2\,H_2O;\ \text{Energie wird frei}$$

Wasserstoff + Sauerstoff ⇌ Wasser (Wasserstoffoxid)

Wasserstoff lässt sich mit der **Knallgasprobe** nachweisen; Sauerstoff weist man mit der **Glimmspanprobe** nach.

# Einen Versuch durchführen und protokollieren

Mit einem Experiment kann man Eigenschaften von Stoffen untersuchen. Dabei ist es wichtig, dass du dir vor der Durchführung des Versuches Gedanken machst, wie der Versuch ablaufen soll.

In einem **Versuchsprotokoll** werden deine Überlegungen, Beobachtungen, Versuchsergebnisse und die Auswertung festgehalten.

**1.** Lies den Text genau durch. Beachte die Reihenfolge der einzelnen Schritte.

**2.** Schreibe auf, welche Geräte du für den Versuch brauchst.

**3.** Ist die Planung abgeschlossen, kannst du mit dem Experiment beginnen. Es ist wichtig, die Durchführung genau aufzuschreiben, damit du später nachvollziehen kannst, was du gemacht hast.

**4.** Beobachte genau, sodass du möglichst viele Veränderungen wahrnehmen kannst.

**5.** Die Ergebnisse des Experimentes werden in der Auswertung festgehalten. Das kann in Form von Sätzen, in einer Skizze oder auch in einer Tabelle erfolgen. In der Auswertung werden Rückschlüsse gezogen.

---

Versuchsprotokoll                          10.12.04

**Wir untersuchen die Eigenschaften von Stoffen**

**Aufgabe:**
Vergleiche das Aussehen, die Löslichkeit und das Verhalten beim Erhitzen der Stoffe Zucker und Salz.

**Geräte und Chemikalien:**
Brenner, Reagenzglas, Reagenzglashalter, Spatel, Reagenzglasständer, Zucker, Salz.

**Versuchsdurchführung:**
**1.** Gib je einen Spatel Salz in zwei Reagenzgläser und beschreibe das Aussehen.
**2. a)** Fülle mit Hilfe der Spritzflasche in eines der Reagenzgläser 2 ml Wasser und schüttle.
**b)** Erhitze das andere Glas vorsichtig.
**3.** Wiederhole die Schritte mit Zucker.

Vor dem Erhitzen          Nach dem Erhitzen

Salz    Zucker           Salz    Zucker

**Beobachtung:**

| Glas | Beobachten | Salz | Zucker |
|------|------------|------|--------|
| | vor dem Versuch | weißer, fester, geruchloser Stoff | weißer, fester, geruchloser Stoff |
| A | beim Lösen | immer mehr Kristalle lösen sich auf verschwinden | immer mehr Kristalle lösen sich auf verschwinden |
| | nach dem Lösen | klare Flüssigkeit | klare Flüssigkeit |
| B | beim Erhitzen | knistert, kann schmelzen | wird flüssig, hellbraun, riecht zuerst süßlich-angenehm |
| | nach dem Erhitzen | weißer, fester, geruchloser Stoff | ist schwarz, stechender Geruch |

**Auswertung:**
Zucker und Salz haben zum Teil ähnliche Eigenschaften. Sie sehen ähnlich aus und lösen sich beide gut in Wasser. Man kann die Stoffe in ihrem Verhalten beim Erhitzen unterscheiden. Zucker verändert sich bei der Einwirkung von höheren Temperaturen.

## Stoffe und Trennverfahren 1

### 1. Untersuchen von Kochsalz, Alkohol, Eisen

Untersuche Aggregatzustand, Farbe, Geruch, Löslichkeit und Verhalten beim Erhitzen der Stoffproben von Kochsalz, Alkohol und Eisen.

**Geräte:** 3 kleine Bechergläser, Spritzflasche, Abdampfschale, Spatel, Verbrennungslöffel, Holzspan, Tiegelzange, Brenner;
**Chemikalien:** Kochsalz, Alkohol, Eisennägel.

**Durchführung: a)** Stelle als erstes den Aggregatzustand, Farbe und Geruch der Stoffproben fest.

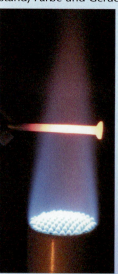

**b)** Gib auf den Verbrennungslöffel etwas Kochsalz und untersuche in der Brennerflamme die Brennbarkeit.
**c)** Entzünde in der Abdampfschale etwa 20 Tropfen Alkohol mit einem Holzspan.
**d)** Halte einen Eisennagel mit der Tiegelzange in den Brenner.
**e)** Prüfe die Löslichkeit der Stoffproben in Wasser.
**f)** Fasse deine Ergebnisse in einer Tabelle zusammen.

| Stoff | Aggregat-zustand | Farbe | Geruch | |
|-------|------------------|-------|--------|--|
| Stoff A | ? ? ? | ? ? ? | ? ? ? | |

### 2. Untersuchen von Kupfer, Eisen, Aluminium und Kandiszucker

Untersuche Aussehen, Leitfähigkeit und die magnetischen Eigenschaften der Stoffproben.

**Geräte:** Stromversorgungsgerät, Kabel, Glühlampe, Magnet;
**Chemikalien:** Kupferdraht, Eisendraht, Aluminiumfolie, Kandiszucker.

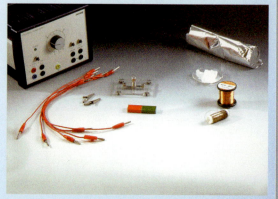

**Durchführung: a)** Beschreibe das Aussehen der Stoffe.
**b)** Baue mit den Geräten einen Schaltkreis auf und untersuche die elektrische Leitfähigkeit
**c)** Untersuche die magnetischen Eigenschaften der Stoffe.

### 3. Die Härte von Aluminium und Zink

**Chemikalien:** Aluminiumblech, Zinkblech, Eisennagel, Stahlnagel, Bleistift.

**Durchführung:**
**a)** Ritze beide Bleche wechselseitig.
**b)** Ritze beide Bleche mit einem Eisennagel, einem Stahlnagel und einem Bleistift.
**c)** Was kannst du anhand der Versuche über die Härte von Zink und Aluminium aussagen?

## Stoffe und Trennverfahren 2

| Stoff | Aggregatzustand | Farbe | Geruch | Dichte in g/cm³ | Schmelz- temperatur in °C |
|---|---|---|---|---|---|
| Wasser | flüssig | farblos | geruchlos | 1,0 | 0 |

**1.** Ermittle Farbe, Geruch, Aggregatzustand von folgenden Stoffen: Zucker, Kohlenstoff, Eisen, Schwefel, Kupfer, Aluminium, Zink. Entnimm die Werte von Dichte und Schmelztemperatur aus deinem Tafelwerk.
Fertige dazu eine Tabelle nach oben stehendem Muster an.

**2.** Du erhältst Stoffproben von Zucker, Kohlenstoff, Eisen, Schwefel, Kupfer, Zink und Aluminium.
**a)** Untersuche die Eigenschaften Aussehen, elektrische Leitfähigkeit und Löslichkeit.
**b)** Untersuche weitere Eigenschaften und erstelle für einen Stoff einen Steckbrief mit mindestens sechs Angaben.
**c)** Ordne die Stoffe anhand deiner Beobachtungen den Metallen oder Nichtmetallen zu.

**3.** Du erhältst zwei unbekannte Stoffproben.
**a)** Untersuche die Eigenschaften der Stoffe. Fordere die dafür benötigten Geräte an.
**b)** Fertige die zwei Steckbriefe an.
**c)** Ordne die Stoffe einer Stoffgruppe zu (Metalle oder Nichtmetalle).
**d)** Stelle eine Vermutung an, um welche Stoffe es sich handeln könnte.

**4.** Untersuche die Mischbarkeit von verschiedenen Flüssigkeiten, zum Beispiel von Öl, Wasser, Benzin, Sirup.
Stelle deine Ergebnisse in einer Tabelle dar.

**5.** Untersuche die Löslichkeit der Stoffe Zucker, Salz, Mehl und Kreide.
Benutze dabei Wasser mit verschiedenen Temperaturen als Lösungsmittel.
Fertige ein Beobachtungsprotokoll an.

**6.** Wie verhalten sich Stoffe beim Erhitzen?
**a)** Erhitze in einem Reagenzglas jeweils Zucker beziehungsweise Salz.
**b)** Protokolliere deine Beobachtungen.
**c)** Werte deine Beobachtungen aus.

**7.** Untersuche die Brennbarkeit verschiedener Stoffe. Nimm zum Beispiel Magnesiumspäne, einen Kupferdraht, Kohlenstoff, Wasserstoff, Sauerstoff oder Schwefel.

**Gruppenarbeit**

**8.** Bestimmt die Dichte verschiedener Flüssigkeiten mithilfe eines Aräometers.
Vergleicht die Werte mit den Angaben in einem Tafelwerk.

**9.** Untersucht die Dichte von Gasen. Leitet dazu verschiedene Gase in eine Seifenblasenlösung ein. Beobachtet, was mit den Blasen geschieht. Formuliert vergleichende Aussagen, etwa: Die Dichte von Gas A ist größer als die von Gas B oder Gas C.

## Stoffe und Trennverfahren 3

### 1. Trennverfahren

Gemische lassen sich nur dann trennen, wenn sich die einzelnen Stoffe in einer zur Trennung genutzten Eigenschaft genügend stark unterscheiden.

**a)** Übernimm die Tabelle zu den Trennverfahren (rechts) in dein Heft.
**b)** Ordne jedem Trennverfahren ein Beispiel zu.
**c)** Ergänze die Übersicht mit weiteren dir bekannten Trennverfahren.

| Trennverfahren | genutzte Eigenschaft | Beispiel-Gemisch |
| --- | --- | --- |
| ? ? ? | ? ? ? | Salzwasser |
| ? ? ? | ? ? ? | Müsli |
| Sieben | Teilchengröße | |
| Filtrieren | ? ? ? | |
| Verdunsten | | |
| Destillieren | | |
| Sedimentieren | | |
| Magnettrennung | | |

### 2. Trenne ein Gemisch aus Kreide und Wasser

Führe den Versuch selbst durch und fertige dazu ein Protokoll an.

**Geräte:** Trichter; Filter; Erlenmeyerkolben;
**Chemikalien:** Wasser, Kreidepulver.

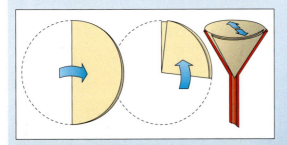

**Durchführung: a)** Beschreibe das Aussehen des Stoffgemisches.
**b)** Falte das Filterpapier zweimal und lege es in den Trichter ein.
**c)** Gib das Gemisch aus Wasser und Kreide in den Trichter.
**d)** Notiere deine Beobachtungen.

**Auswertung: a)** Welches Trennverfahren wurde genutzt?
**b)** Mithilfe welcher Eigenschaft wurde das Stoffgemisch getrennt?
**c)** Nenne zwei praktische Anwendungsbeispiele für dieses Trennverfahren.

### 3. Trenne ein Stoffgemisch aus Mehl und Reis

Führe den Versuch selbstständig durch und erstelle ein Versuchsprotokoll.
**a)** Notiere, welche Geräte du benötigst.
**b)** Schreibe die Schritte der Durchführung auf.
**c)** Beschreibe das Aussehen des Stoffgemisches.
**d)** Beschreibe die Stoffe nach der Trennung.

**Auswertung: a)** Wie heißt das genutzte Trennverfahren?
**b)** Welche Eigenschaft wurde zur Trennung genutzt?

### 4. Geräte zur Stofftrennung

Wie heißen die abgebildeten Geräte und welche Trennverfahren werden hier dargestellt?

## Stoffe und Trennverfahren 4

### 1. Sand, Eisen und Kochsalz

Trenne ein Gemisch aus Sand, Eisen und Kochsalz.

**Geräte:** Dreifuß, Drahtnetz, Gasbrenner, Reagenzgläser; Reagenzglasständer, Reagenzglashalter, Petrischale, Spatel, Trichter, Erlenmeyerkolben, Magnet, Spritzflasche, Uhrglas, Stopfen, Filterpapier, Abdampfschale, Becherglas.
**Chemikalien:** Gemisch mit Sand, Eisen und Kochsalz.

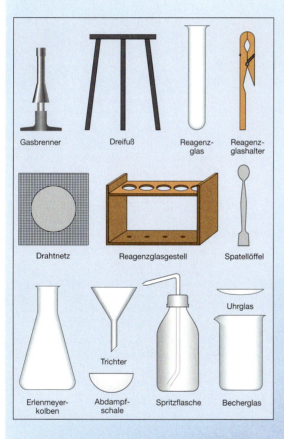

| | | | |
|---|---|---|---|
| Gasbrenner | Dreifuß | Reagenz-glas | Reagenz-glashalter |
| Drahtnetz | Reagenzglasgestell | | Spatellöffel |
| Erlenmeyer-kolben | Abdampf-schale | Trichter / Spritzflasche | Uhrglas / Becherglas |

**Durchführung: a)** Beschreibe das Aussehen des Stoffgemisches.
**b)** Entwickle einen Experimentierplan zur Trennung des Gemisches und notiere die Schritte stichpunktartig.
**c)** Wähle aus den oben genannten Geräten aus, welche du benötigst.
**d)** Am Ende des Versuches sollen alle Bestandteile einzeln und sauber getrennt vorliegen.
**e)** Trenne das Gemisch und notiere bei jedem Schritt deine Beobachtungen.

### 2. Destillation von farbiger Tinte

**Geräte:** 2 Reagenzgläser, Ableitungsröhrchen, durchbohrter Stopfen, Becherglas, Brenner;
**Chemikalien:** Schwarze Tinte, Wasser, Siedesteine.

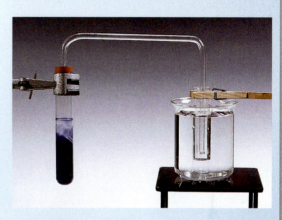

**Durchführung:** Baue die „Destillationsapparatur" wie auf dem Foto auf. Löse die Tinte in etwas Wasser und fülle die Farbstofflösung mit einem Siedesteinchen in ein Reagenzglas. Erhitze nun vorsichtig mit dem Brenner. Beobachte und fertige ein Versuchsprotokoll an.

### 3. Mini-Kläranlage

**Geräte:** 4 Blumentöpfe, Becherglas, Eimer, Kaffeefilter;
**Chemikalien:** Grobe und feine Steine, Sand, Aktivkohle, verschmutztes Wasser (Wasser mit Erde).
**Durchführung:** Fülle einen Blumentopf mit groben Steinen, einen mit Feinkies und den dritten mit Sand. Gib in den vierten Topf einen Kaffeefilter mit etwas Aktivkohle. Ordne die Töpfe wie in der Abbildung an.
Schütte nun das verschmutzte Wasser in den obersten Blumentopf und teste die Leistung deiner Kläranlage.

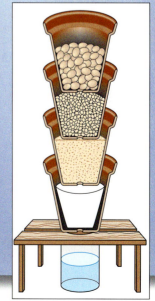

## Die Papier-Chromatografie

Filzstifte werden in vielen verschiedenen Farben angeboten. Die meisten Farben werden durch Mischen weniger Grundfarben hergestellt. Mithilfe der **Papier-Chromatografie** kann man die Filzstiftfarben in ihre Grundfarben zerlegen und so herausfinden, welche Farben jeweils miteinander gemischt wurden.

Die Trennung der Farbstoffe beruht darauf, dass die Farben auf dem Papier von Wasser oder einem anderen Fließmittel verschieden schnell mitgenommen werden und sich so über das Papier verteilen.

Dabei haften die einzelnen Bestandteile unterschiedlich gut auf der Papieroberfläche. Die Farbstoffe, die stark festgehalten werden, bleiben etwas zurück; die Farbstoffe, die nur schwach am Papier haften, wandern schneller mit dem Fließmittel mit. So trennt sich das Gemisch auf. Das fertige Bild der getrennten Stoffe heißt **Chromatogramm**. Da die Zusammensetzung der Farbstoffe bei jedem Stift eine andere ist, erhält man verschiedene Chromatogramme. Selbst Filzstifte gleicher Farbe unterscheiden sich, wenn sie von verschiedenen Herstellern stammen.

Fälschungen von Zeugnissen und anderen Urkunden können im Labor auf die gleiche Weise nachgewiesen werden, wenn beim Schreiben zwei verschiedene Stifte benutzt wurden.

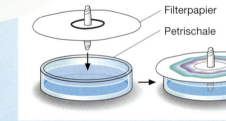

Filterpapier

Petrischale

### 1. Chromatografie von Filzstiftfarben

**Material:** Filterpapier, Petrischale oder kleines Becherglas; Filzstifte, Wasser.

**Durchführung:** Stoße ein kleines Loch in die Mitte eines Rundfilters und trage rundherum Punkte mit verschiedenen schwarzen Filzstiften auf. Schneide einen Streifen eines zweiten Filters und rolle ihn. Stecke ihn als Docht in das Loch des ersten Filters. Lege die vorbereitete Filterscheibe so auf die Petrischale, dass nur der Docht ins Wasser eintaucht und beobachte. Wiederhole den Vorgang mit anderen Filzstiftfarben und finde heraus, welche Farben Reinstoffe sind.

### 2. Chromatografie von Lebensmittelfarben

**Materialien:** Becherglas, Pinzette, Holzstäbchen, Chromatografie- oder Filterpapier; Schokolinsen.

**Durchführung:** Gib drei Schokolinsen gleicher Farbe in ein Becherglas und bedecke sie mit wenig Wasser. Schwenke das Glas vorsichtig, bis sich die Farbschicht ablöst. Nimm die Linsen mit einer Pinzette aus dem Wasser, sobald eine weiße Schicht erkennbar ist. Hänge einen etwa 2 cm breiten und 10 cm langen Filterpapierstreifen mit der Spitze in die Farbstofflösung. Befestige ihn mit dem Holzstäbchen und beobachte. Wiederhole den Vorgang mit anderen Farbstoffen.

# |5| Stoffe wandeln sich um

Jeder von uns hat schon einmal an einem flackernden Feuer gestanden und sich wärmen lassen. Wer hat aber dabei schon daran gedacht, was bei diesem Ereignis für den Chemiker eigentlich abläuft? Es sind Stoffumwandlungen. Aus Brennstoffen bilden sich bei einer Verbrennung unter anderem Kohlenstoffdioxid und Energie, die wir als Wärme spüren oder als Licht sehen. Stoffumwandlungen laufen gewollt oder ungewollt überall in unserer Umwelt ab.

**Steckbrief:
Zink**

Silbrig-graues Metall

Dichte: 7,1 g/cm³
Schmelztemperatur: 419 °C
elektrisch leitfähig

**Steckbrief:
Schwefel**

Gelber, geruchloser Feststoff

Dichte: 2,1 g/cm³
Schmelztemperatur: 113 °C
nicht elektrisch leitfähig

**Schwefel** ist ein leuchtend gelber Stoff, der oft am Kraterrand von Vulkanen zu finden ist. Schwefel wird zur Herstellung von Gummi, Zündhölzern und Schießpulver verwendet.

**Zink** ist ein graues Metall, das vor allem als Rostschutz bei Stahlblechen, den verzinkten Blechen, eingesetzt wird.

Schwefel- und Zinkpulver werden miteinander zu einem grauen Gemisch verrührt. Im Abzug wird dieses Gemisch mit einer glühenden Fahrradspeiche oder Stricknadel gezündet. Unter heftiger Qualm-, Wärme- und Lichtentwicklung **reagieren** die beiden Stoffe **miteinander**.

Das **Reaktionsprodukt** ist ein gelb-weißer Stoff, der im Aussehen an Popcorn erinnert. Mit keinem uns bisher bekannten Trennverfahren lässt sich der neue Stoff wieder in Schwefel und Zink zerlegen. Auch die messbaren Eigenschaften des neuen Stoffs unterscheiden sich deutlich von den Eigenschaften des Zinks und des Schwefels.

Unter UV-Licht wird ein weiterer Unterschied deutlich: Der entstandene Stoff leuchtet fluoreszierend auf, während bei Zink und Schwefel kein Leuchten zu beobachten ist.
In einer chemischen Reaktion ist ein neuer Stoff mit neuen Eigenschaften entstanden, das **Zinksulfid**.
Die Heftigkeit der Reaktion zeigt, dass dabei **Energie frei wird.**

Zink + Schwefel → Zinksulfid;
Energie wird frei.

**Aktivierungsenergie.** Die Reaktion zwischen Schwefel und Zink läuft von alleine ab und setzt sogar Energie frei. Aber sie muss gezündet werden. Man muss zunächst die so genannte **Aktivierungsenergie** zuführen.

**Steckbrief: Zinksulfid**

gelb-weißer, geruchloser Feststoff

Dichte 4,1 g/cm³
Schmelztemperatur 1020 °C
nicht elektrisch leitfähig

Bei der chemischen Reaktion zwischen Zink und Schwefel entsteht unter Energieabgabe ein neuer Stoff, das Zinksulfid. Die zum Auslösen der chemischen Reaktion benötigte Energie heißt Aktivierungsenergie.

**1** Fragen zum Text

**a)** Woran kann man erkennen, dass eine chemische Reaktion stattgefunden hat?
**b)** Formuliere die Wortgleichung für die Reaktion zwischen Zink und Schwefel.
**c)** Was ist die Aktivierungsenergie?

**2** Alltag

**a)** Ein Silberbesteck ist eine edle Sache. Allerdings läuft es im Laufe der Jahre bei manchen Speisen schwarz an.
Der schwarze Belag ist *Silbersulfid*. Es entsteht in einer chemischen Reaktion aus Silber. Selbst in den besten Hotels gibt es daher zum Frühstücksei keine Silberlöffel. Welcher Stoff muss im Ei vorhanden sein?
**b)** Worum handelt es sich, wenn ein Silberlöffel einen schwarzen Belag aus Silbersulfid bekommt?

**3** Demonstrations-Experiment

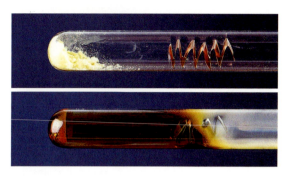

Im Abzug wird etwas Schwefelpulver in einem Reagenzglas erhitzt, bis sich Schwefeldämpfe bilden. Dann wird ein dünnes erhitztes Kupferblech in das Reagenzglas eingeführt. Das Reagenzglas wird noch während der Reaktion aus der Flamme entfernt. Nach dem Abkühlen kann das Reaktionsprodukt untersucht werden.
**a)** Was geschieht bei der Reaktion zwischen Kupfer und Schwefel?
**b)** Woran kann man erkennen, dass eine chemische Reaktion stattgefunden hat?
**c)** Wie heißt die Wortgleichung?

## Exkurs: Theorie

## Chemische Reaktion und Energie

Ein Gemisch aus Schwefel und Zink kann man beliebig lange aufbewahren. Die beiden Stoffe verändern sich nicht. Durch die Zufuhr von Aktivierungsenergie kann man das Gemisch aber zur Reaktion bringen. Hat die Reaktion erst einmal begonnen, wird so viel Energie frei, dass die Reaktion von selbst weiterläuft.

Man kann den Sachverhalt gut mit dem Ball im Bild rechts vergleichen, der einen Berg herunterrollen soll. Er würde es problemlos tun, wenn nicht ein kleiner Hügel im Weg wäre. Man muss den Ball erst über den kleinen Hügel schieben (Aktivierungsenergie), bis er von alleine den Berg hinabrollt (Energie wird frei).

Reaktionen, bei denen mehr **Energie frei wird** als an Aktivierungsenergie zugeführt werden muss, bezeichnet man als **exotherm**.

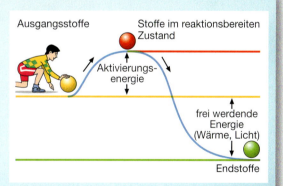

Zur Herstellung von Karamell muss man Zucker erhitzen. Durch eine chemische Reaktion wird aus Zucker Karamell. Allerdings wird dabei keine Energie frei, sondern man muss ständig erhitzen, also Energie zuführen.
Es gibt also auch chemische Reaktionen, die nur bei **ständiger Energiezufuhr** ablaufen. Man bezeichnet sie als **endotherm**.

„Die Rußzahl und die Abgastemperatur sollen zu hoch sein, der Brenner nicht mehr einstellbar! Weiß dieser Schornsteinfeger überhaupt, was eine neue Heizung kostet?"

Der Ärger des Hausbesitzers ist verständlich. Doch Heizungsanlagen müssen regelmäßig kontrolliert werden, damit der Brennstoff möglichst effektiv genutzt wird.

**Verbrennung und Abgase.** Unser Umgang mit dem Feuer hat sich verändert. An einem Lagerfeuer in der Steinzeit hat keiner unserer Vorfahren einen Gedanken an Abgase verschwendet. Sie waren froh, wenn es gebrannt hat, sie kochen und sich wärmen konnten.

Doch als die Menschen Hütten bauten, wurde das Abgasproblem wichtiger: Sie mussten über den Feuerstellen im Dach Öffnungen lassen, damit der Rauch abziehen konnte. Später baute man Kamine und Ofenrohre dafür.

Heute werden Verbrennungen kontrolliert, Abgaswerte werden gemessen und mit großem technischem Aufwand werden Abgase sogar gefiltert.

**Abgasmessungen bei Heizungsanlagen.** Der Brenner der Heizungsanlage erzeugt aus Erdgas, Öl oder Kohle nicht nur Wärme und je nach Brennstoff etwas Ruß oder Asche, sondern auch große Mengen von Abgasen. Um unsere Luft nicht übermäßig zu belasten, müssen Heizungsanlagen optimal eingestellt sein.

▲ 1 Lagerfeuer vor ca. 40 000 Jahren

▲ 2 Herd, etwa 60 Jahre alt

▲ 3 Abgasprüfung an einer Heizungsanlage heute

▲ 4 Kraftwerk zur Stromerzeugung

Vom Schornsteinfeger werden deshalb in den Abgasen unter anderem die Rußzahl, die Menge des unverbrannten Brennstoffs, die Gehalte an *Kohlenstoffmonooxid* und *Kohlenstoffdioxid* sowie die Abgastemperatur gemessen.

Eine hohe Rußzahl zeigt an, dass viel *Ruß* durch den Schornstein entweicht, die Verbrennung also nicht optimal verläuft. *Unverbrannte Brennstoffe* und das giftige Kohlenstoffmonooxid sollten nicht in die Umwelt geblasen werden. Aus den restlichen Messwerten wird der Abgasverlust errechnet, also wie viel Energie ungenutzt durch den Schornstein entweicht. Sind die Grenzwerte überschritten, muss die Heizung neu eingestellt werden.

**Abgase aus Kraftwerken.** Im Kraftwerk werden Kohle, Gas oder Öl verbrannt, um die Energie, die in den Brennstoffen steckt, in elektrische Energie umzuwandeln. Auch hier müssen die Abgase überwacht werden.

Neben anderen Gasen werden in Kraftwerken große Mengen *Schwefeldioxid* freigesetzt. Sie sind Mitverursacher des sauren Regens. Schwefeldioxid entsteht vor allem bei der Verbrennung von Kohle, in der immer etwas Schwefel enthalten ist.

Kohlekraftwerke in Deutschland sind daher mit Entschwefelungsanlagen ausgerüstet, mit denen sich über 95 % des Schwefeldioxids entfernen lassen. Kraftwerksabgase sind heute deutlich sauberer als vor 20 Jahren.

**Abgase beim Auto.** Jeder will flott vorankommen, besonders Autofahrer. Dafür braucht man Antriebsenergie. Ein Benzinmotor gewinnt die nötige Antriebsenergie durch die Verbrennung eines Benzin-Luft-Gemisches.

▲ *1  Hier sieht man, dass in einem Motor tatsächlich etwas verbrannt wird.*

Neben der erwünschten Antriebsenergie entstehen aber auch hier Abgase. Wenn Benzin optimal verbrennt, bilden sich überwiegend Kohlenstoffdioxid und *Wasserdampf*. Man kann ihn an kalten Tagen als weiße Wolken hinter dem Auspuff beobachten.

▲ *2  Abgasuntersuchung beim Auto*

Außerdem entstehen kleine Mengen anderer Verbrennungsprodukte wie *Stickstoffoxide*, Kohlenstoffmonooxid und Schwefeldioxid. Auch unverbranntes Benzin gelangt mit den Abgasen in die Umwelt.

Um den Schadstoffausstoß so gering wie möglich zu halten, müssen regelmäßig Abgasuntersuchungen durchgeführt werden. Außerdem sind heute die meisten Autos mit Abgaskatalysatoren ausgerüstet. Sie bewirken, dass bis zu 90 % der giftigen Bestandteile in umweltverträglichere Gase umgewandelt werden.

> Bei der Freisetzung von Energie durch Verbrennung werden immer große Mengen Abgase erzeugt. Die Abgase enthalten verschiedene Stoffe, die zum Teil umweltschädlich oder sogar giftig sind.

▲ *3  Abgasmessung in der Industrie*

**1**  **Fragen zum Text**

**a)** Welche Schadstoffe entstehen bei der Verbrennung von Benzin und Kohle?
**b)** Warum darf man in einer geschlossenen Garage niemals den Motor laufen lassen?
**c)** Bei einer Erdgasheizung gibt es weder Ruß noch Asche. Welche Stoffe bilden sich beim Verbrennen des Erdgases?

**2**  **Experiment**

Mit einem Prüfröhrchen für Kohlenstoffmonooxid und einer Gasprüfpumpe kann man den Kohlenstoffmonooxidgehalt im Abgas von Motoren messen, zum Beispiel bei einem Auto, einem Motorrad oder bei einem Roller.

Der Motor muss im Stand laufen. Halte das Prüfgerät an die Öffnung des Auspuffs. Betätige die Pumpe einmal, sodass 100 ml Abgas durch das Prüfröhrchen gesaugt werden. Aus der Verfärbung im Prüfröhrchen lässt sich direkt der Gehalt an Kohlenstoffmonooxid ablesen.
Der Grenzwert für Kohlenstoffmonooxid in den Abgasen eines Autos mit Abgaskatalysator liegt übrigens bei 0,5 Volumenprozent.

# |5.3| Feuer: Entzünden und löschen

**Ein Feuer entzünden.** Holzkohle im Grill lässt sich nicht einfach mit dem Streichholz anzünden. Zunächst zündet man den Grillanzünder an. Erst wenn dieser ordentlich brennt, gerät auch die Holzkohle in Brand.

| Stoff | Temp. in °C |
|---|---|
| Streichholzkopf | 60 |
| Papier | 250 |
| Holzkohle | 150–250 |
| Benzin | 220–300 |
| Heizöl | 250 |
| Kerzenwachs | 250 |
| Holz | 250–300 |
| Spiritus | 425 |
| Koks | 700 |

▲ 1 Zündtemperaturen brennbarer Stoffe

Jeder **Brennstoff** braucht eine bestimmte Temperatur, damit er überhaupt anfängt zu brennen. Verschiedene Stoffe haben verschiedene **Zündtemperaturen**.
Ein Feuer braucht immer **Luft** zum Brennen. Wird der Luftzutritt verhindert, erstickt das Feuer.

Während sich ein dickes Hartholzstück nicht so leicht entzünden lässt, geht es bei Holzspänen schon leichter.

Holzwolle brennt sofort und bei Holzstaub kann es sogar gefährlich werden. Eine Verbrennung verläuft mit *zunehmendem Zerteilungsgrad* immer *heftiger*. Staub besitzt einen sehr großen Zerteilungsgrad und damit eine sehr große Oberfläche. Ist der Staub gleichmäßig in der Luft verteilt und kommt es zum Kontakt mit einer offenen Flamme, *explodiert* das Staub-Luft-Gemisch:

▲ 2 Mehlstaubexplosion im Experiment

Nahezu alle Staubteilchen verbrennen gleichzeitig.

Flüssige Brennstoffe wie Benzin und Öl, die Dämpfe oder Gase bilden, lassen sich besonders leicht entzünden.

**Löschmethoden.** Löscht die Feuerwehr einen Brand mit Wasser (Abb. 4), dann kühlt sie eigentlich nur. Die brennbaren Stoffe werden unter ihre Zündtemperatur **abgekühlt**.
Brennendes Öl oder Benzin darf niemals mit Wasser gelöscht werden! Es besteht Explosionsgefahr! Mit Feuerlöschschaum wird die **Luftzufuhr unterbunden** (Abb. 5). Brennendes Fett in der Pfanne erstickt man am besten durch Auflegen eines Deckels.
Durch eine Brandschneise kann man bei einem Waldbrand (Abb. 6) dem Feuer den **Brennstoff entziehen.** Es kann sich dann nicht weiter ausbreiten.

> Ein brennbarer Stoff, Luft und die erforderliche Zündtemperatur sind die Voraussetzungen für ein Feuer.
> Löschen heißt, dem Feuer mindestens eine dieser Voraussetzungen zu entziehen.

(Dreieck: Zündtemperatur – Luft – Brennstoff)

▲ 4 Löschen heißt: Kühlen …

▲ 5 … Luftzufuhr unterbrechen

▲ 6 … Brennstoff entziehen

# Experimente mit einer Kerze

## V 1: Die Kerzenflamme

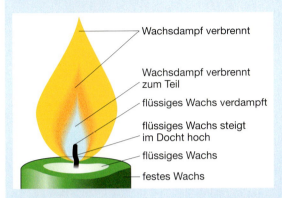

- Wachsdampf verbrennt
- Wachsdampf verbrennt zum Teil
- flüssiges Wachs verdampft
- flüssiges Wachs steigt im Docht hoch
- flüssiges Wachs
- festes Wachs

**Materialien:** Haushaltskerze, Streichhölzer, Glas- oder Metallrohr (10 cm lang, Durchmesser ca. 8 mm), Kupferwendel, feuerfeste Unterlage.

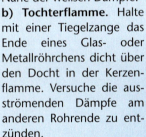

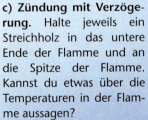

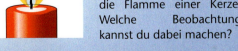

**Durchführung: a) Fernzündung.** Zünde eine Kerze an, lasse sie eine Weile brennen und puste sie wieder aus. Halte ein brennendes Streichholz sofort in die Nähe der weißen Dämpfe.
**b) Tochterflamme.** Halte mit einer Tiegelzange das Ende eines Glas- oder Metallröhrchens dicht über den Docht in der Kerzenflamme. Versuche die ausströmenden Dämpfe am anderen Rohrende zu entzünden.
**c) Zündung mit Verzögerung.** Halte jeweils ein Streichholz in das untere Ende der Flamme und an die Spitze der Flamme. Kannst du etwas über die Temperaturen in der Flamme aussagen?
**d) Der Kupferlöscher.** Stülpe eine Kupferwendel über die Flamme einer Kerze. Welche Beobachtung kannst du dabei machen?

**Aufgabe:** Erkläre die Versuche mithilfe der Information aus der Grafik ganz oben.

## V 2: Luft zum Brennen

**Materialien:** Haushaltskerze, Streichhölzer, Glasrohr (20 cm lang, Durchmesser ca. 5 cm), Glasplatte, zwei Bleistifte, feuerfeste Unterlage.

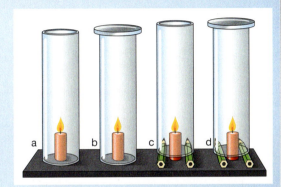

a    b    c    d

**Durchführung: a)** Stülpe das Glasrohr über die brennende Kerze, direkt auf die Unterlage.
**b)** Verschließe das Rohr mit einer Glasplatte.
**c)** Stelle das nicht verschlossene Glasrohr auf zwei Bleistifte.
**d)** Verschließe das Glasrohr auf den zwei Bleistiften wieder mit einer Glasplatte.
**Aufgabe:** Beobachte jeweils die Flamme genau und erkläre deine Beobachtungen.

### Für alle Fälle – der selbst gebaute Schaumlöscher

- Scheidetrichter
- Spülmittellösung
- Erlenmeyerkolben
- Citronensäure
- Natriumhydrogencarbonat

Gib ein Gemisch aus 3 Spatel Natriumhydrogencarbonat und 2 Spatel Citronensäure in den Erlenmeyerkolben und fülle die Spülmittellösung in den Scheidetrichter. Im Abzug entzündet die Lehrerin oder der Lehrer etwa 5 ml Spiritus in einer Porzellanschale. Öffne den Hahn des „Schaumlöschers" und lösche das Feuer. Der Hahn muss wieder geschlossen werden, sobald die Reaktion im Kolben begonnen hat.

# Pinnwand

## Achtung, Feuer

**112**
**Feuer • Unfall • Notruf**

Ein Brand muss noch nicht gleich ein Unglück sein. Aber falsches Verhalten kann einen kleinen Brand zu einer großen Katastrophe werden lassen. Wenn es einmal brennt, musst du wissen, wie du ein Feuer meldest, und du musst über den richtigen Umgang mit Löschgeräten informiert sein. Es ist auch wichtig, die Bedeutung der Hinweisschilder zu kennen.
Stets sind aber die Anweisungen der Feuerwehrleute zu befolgen.

**1.** Welche Anweisungen und Hinweise geben die sechs Schilder?

**2.** Welche Feuerlöscher dürfen bei welchen Bränden nicht eingesetzt werden?

**Fluchtweg**
„Da geht's lang!" – Gibt den kürzesten und sichersten Weg aus einem Gebäude an.

**Notausgang**
„Hier geht's 'raus!" – Kennzeichnet den Ausgang in einen sicheren Bereich.

**Feuerlöscher**
Das wichtigste Gerät zur sofortigen Bekämpfung von Bränden.

**Löschwasserschlauch**
Der Schlauch ist schon angeschlossen und sofort einsatzbereit.

**Verbot offener Flammen**
Hier dürfen weder Streichhölzer entzündet noch Feuerzeuge benutzt werden.

**Verbandskasten**
Vom Pflaster bis zum Verband findest du hier alles Notwendige für die Erste Hilfe.

| | Brandklasse | Feuerlöscher |
|---|---|---|
| 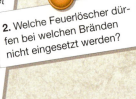 A | feste Stoffe, die Glut bilden: z. B. Holz, Papier | Pulverlöscher, Wasserlöscher, Schaumlöscher |
| B | flüssige Stoffe oder Stoffe, die flüssig werden: z. B. Öl, Wachs | Pulverlöscher, $CO_2$-Löscher |
| C | gasförmige Stoffe: z. B. Erdgas | Pulverlöscher |
| D | brennbare Metalle: z. B. Magnesium | nur Spezialpulverlöscher mit Metallbrandpulver |

## ALARMIERUNG DER FEUERWEHR

- 112 anrufen
- Folgende Angaben machen:
    Wer meldet?
    Wo brennt es?
    Was brennt?
    Wie sieht es jetzt aus?
- Warten, welche Anweisungen folgen

**4.** Übe die korrekte Meldung eines Brandes bei der Feuerwehr

Schnellste Meldung eines Feuers bei der Feuerwehr.

**3.** Nenne Vor- und Nachteile des Feuermelders.

Von vorn nach hinten löschen!
Immer in Windrichtung löschen!

Mit diesen zwei Anweisungen ist sicher schon oft Hilfe möglich. Richtiges Helfen in allen Situationen kannst du bei der Feuerwehr lernen, als Mitglied der Jugendfeuerwehr. Dort kommt neben der Ausbildung und den Übungen auch der Spaß nicht zu kurz. In Zeltlagern und bei Wettkämpfen mit anderen Jugendfeuerwehren stehen spannende Spiele an erster Stelle.

Öl brennt in der Pfanne. Jetzt heißt es überlegt handeln! Schnell einen Topfdeckel auf die Pfanne und das Feuer ersticken. Dann musst du die Herdplatte ausstellen und warten, bis alles abgekühlt ist.
Auf keinen Fall darfst du hier Wasser benutzen. Es würde explosionsartig verdampfen. Schwere Verbrennungen am Körper und ein großer Brand im Haus könnten die Folgen sein.

**5.** Wie werden Feuerlöscher, Löschwasserschlauch und Löschdecke zur Brandbekämpfung eingesetzt?
**6.** Nenne Aufgaben der Feuerwehr und ordne sie den Bereichen Löschen – Bergen – Retten – Schützen zu.
**7.** Welche Regeln gelten für den Feueralarm an deiner Schule?
**8.** Welche Vorsorgemaßnahmen oder Schutzeinrichtungen gibt es in deiner Wohnung oder der näheren Umgebung?
**9.** Warum würdest du durch einen falschen Alarm andere Menschen in Gefahr bringen?

Brennt die Kleidung an einem Menschen, müssen die Flammen schnellstens erstickt werden. Mit einer Löschdecke oder einer anderen Decke kannst du hier helfen.

## 22 Tote bei der Explosion einer Feuerwerksfabrik

*ENSCHEDE.* Unter den Trümmern der explodierten Feuerwerksfabrik und in den zerstörten Wohnhäusern des angrenzenden Wohngebiets sind 22 Leichen geborgen worden. Bei den Opfern handelt es sich um Beschäftigte der Feuerwerksfabrik, um Feuerwehrleute und Anwohner. Mehrere hundert Personen wurden teilweise schwer verletzt in die Krankenhäuser eingeliefert. Die katastrophale Explosion hatte sich am 13. 05. 2000 auf dem Werksgelände ereignet. Die Fabrik selbst und etwa hundert Wohnhäuser wurden völlig zerstört oder beschädigt. Über die Explosionsursache gibt es nur Vermutungen. Experten nehmen an, dass die Katastrophe entweder durch brennendes Magnesium- und Aluminiumpulver oder durch die Entzündung explosiver Chemikalien ausgelöst wurde.

*Brandkatastrophe in der Feuerwerksfabrik von Enschede*

Obwohl die Unglücksursache nicht vollständig geklärt werden konnte, muss man davon ausgehen, dass brennendes Aluminium und Magnesium ein Grund für das verheerende Ausmaß der Explosion in der Feuerwerksfabrik war. Doch dass Metalle brennen können, ist vielen Menschen nicht bekannt.

**Magnesium brennt.** Magnesium ist ein silbrig glänzendes Leichtmetall. Werkstoffe für Ultra-Leichtbauteile in Flugzeugen oder Rennwagen enthalten besonders viel Magnesium.

▲ *3  Aluminiumpulver verbrennt*

▲ *2  Brennendes Magnesiumband*

Hält man ein Magnesiumband in die Brennerflamme, so verbrennt es mit gleißend heller Flamme. Zurück bleibt nur ein weißes Pulver.

**Aluminium brennt.** Aluminium ist ein vielfach verwendetes Leichtmetall. Von Fensterrahmen über Fahrräder, Auto-Karosserien, Motoren bis hin zu Flugzeugen – überall wird Aluminium verwendet. Einen Fahrradrahmen kann man natürlich nicht mit einem Brenner anzünden. Bei Aluminium*pulver* ist der *Zerteilungsgrad* aber so groß, dass es mit leuchtend heller Flamme verbrennt, wenn man es mit einer Wunderkerze entzündet.

**Sogar Eisen brennt.** Eine Schraube aus Eisen kann man nicht anzünden. Eisenwolle besitzt dagegen einen viel größeren Zerteilungsgrad als eine Schraube. Sie verglüht, wenn man sie in die Brennerflamme hält. Hält man glühende Eisenwolle in einen mit *Sauerstoff* gefüllten Glaszylinder, dann verbrennt sie mit lebhaftem Funkensprühen.

▲ *4  Brennende Eisenwolle*

> Viele Metalle verbrennen, wenn man sie in Gegenwart von Sauerstoff erhitzt. Die Verbrennung ist umso heftiger, je größer der Zerteilungsgrad des Metalls und je größer das Sauerstoffangebot ist.

### 1  Fragen zum Text

**a)** Welche Metalle werden im Zeitungsartikel über das Unglück von Enschede genannt?
**b)** Was muss man tun, um Aluminium zum Brennen zu bringen? Begründe deine Antwort.
**c)** Begründe, warum Eisenwolle in Sauerstoff besser brennt als in Luft.

### 2  Experiment

Blase mit einem Glasrohr nacheinander Aluminium-, Zink-, Eisen-, Magnesium- und Kupfer-Pulver in die nicht leuchtende Flamme eines Brenners.
Ordne die Metallpulver nach der Heftigkeit des Verbrennungsvorgangs.

### 3  Demonstrations-Experiment

Eine Glühlampe wird angeschaltet, bis der Glaskolben heiß ist. Dann wird sie wieder ausgeschaltet. Mit der Brennerflamme wird der Glaskolben an einer Stelle stark erhitzt. Zunächst beult sich der Glaskolben aus, dann entsteht ein Loch. Jetzt wird die Glühlampe wieder angeschaltet.
**a)** Warum beult sich das Glas des Kolbens beim Erwärmen aus?
**b)** Was geschieht nach dem Einschalten des Stroms mit der Wolframwendel?
**c)** Woraus kann man schließen, dass der Kolben vor dem Aufschmelzen mit dem Brenner keinen Sauerstoff enthalten hat?

# Praktikum

## Zauber und Wunder

### V 1: Der Zauberdocht

**Materialien:** Brenner, Porzellanschale, Tiegelzange, Filterpapier, feuerfeste Unterlage; Kerzenwachs, Docht, Magnesiumpulver (F)
**Durchführung:** Erhitze in einer Porzellanschale Kerzenwachs, bis es schmilzt. Stelle den Brenner ab und tauche einen Docht in das Wachs. Streue etwas Magnesium-Pulver auf ein Filterpapier und wälze den noch warmen Docht darin. Halte den abgekühlten Docht mit der Tiegelzange und entzünde ihn. Blase die Flamme vorsichtig aus.
Versuche die Zauberei zu erklären.

### V 2: Wunderkerzen selbst gemacht

**Materialien:** Feuerfeste Unterlage, Pfeifenreiniger; Tapetenkleister, 11 g Bariumnitrat (O, Xn), 1 g Aluminium-Pulver (F), 5 g grobes Eisen-Pulver
**Durchführung:** Zunächst werden die Chemikalien sorgfältig gemischt. Aus Tapetenkleister wird ein steifer Brei angerührt und die vermischten Chemikalien eingerührt. Bestreiche die Pfeifenreiniger gleichmäßig mit dem Brei. Nachdem die Masse vollständig getrocknet ist, kannst du die Wunderkerze im Freien anzünden.
**Zum Ausprobieren:** Ersetze 0,3 g bzw. 0,6 g Aluminium-Pulver durch Magnesium-Pulver. Beschreibe und erkläre die Folgen dieser Maßnahmen.

▲ *1 Massenzunahme beim Verbrennen von Eisenwolle*

An einer Waage hängen zwei Knäuel Eisenwolle. Die Waage ist im Gleichgewicht, die beiden Knäuel haben also die gleiche Masse.

Nun wird eines der beiden Eisenwolleknäuel mit einem Brenner erhitzt. Die Eisenwolle beginnt hell zu glühen, sie verbrennt. Die Waage kommt aus dem Gleichgewicht.

**Die chemische Reaktion.** Nach dem Abkühlen stellt man fest, dass aus der zuvor hellgrauen, metallisch-glänzenden Eisenwolle ein dunkelgrauer, stumpf aussehender Stoff geworden ist. Er zerbröckelt in der Hand, wenn man ihn zusammendrückt; Eisenwolle dagegen gibt auf Druck federnd nach.

Außerdem hat bei der Verbrennung die Masse des Knäuels zugenommen. Bei der Verbrennung muss sich aus der Eisenwolle also ein neuer, schwererer Stoff gebildet haben. Es hat eine **chemische Reaktion** stattgefunden. Man sagt, dass in einer chemi-

▲ *2 Eisenwolle vor dem Versuch und nach dem Versuch*

schen Reaktion ein **neuer Stoff** mit **neuen Eigenschaften** entstanden ist. **Verbrennungen** sind chemische Reaktionen.

**Oxidation.** Um zu erfahren, *woher* die zusätzliche Masse stammt, wird der Eisenwolle-Versuch in einem abgeschlossenen Luftraum wiederholt.

▲ *3 Eisenwolle verbrennt im abgeschlossenen Luftraum.*

Die Eisenwolle wird dazu in einem schwer schmelzbaren Glasrohr bis zum Glühen erhitzt. Der Kolbenprober enthält genau 100 ml Luft. Damit die Eisenwolle verbrennt, wird die Luft mehrmals über der glühenden Eisenwolle hin und her gedrückt.

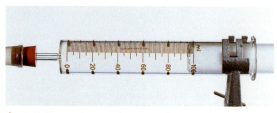

▲ *4 Kolbenprober vor dem Versuch*

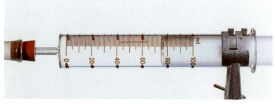

▲ *5 Kolbenprober nach dem Versuch*

Nach dem Abkühlen der Apparatur ist von den ursprünglich 100 ml Luft nur noch ein Rest von ca. 80 ml übrig. Etwa 20 ml Volumen fehlen. Untersucht man die Restluft, so stellt man fest, dass eine Kerze darin sofort erlischt. Es ist kein Sauerstoff mehr vorhanden.

Man kann daraus schließen, dass sich beim Erhitzen der Eisenwolle der *Sauerstoff* mit dem Eisen verbunden hat. Aus dem Eisen und dem Sauerstoff der Luft hat sich in einer chemischen Reaktion ein neuer, schwererer Stoff gebildet; er heißt **Eisenoxid.**

Allgemein bezeichnet man jede Verbrennung als eine **Oxidation.** Es ist eine chemische Reaktion, bei der sich ein Stoff **mit Sauerstoff** zu einem **Oxid** verbindet. Dabei wird Energie frei.

**Energieumsatz.** Ist eine Verbrennung erst einmal in Gang gesetzt, kann der Brenner zur Seite gestellt werden. Selbst dann geht die Wärmeentwicklung weiter (exotherme Reaktion).
Eine Wärmeentwicklung kann man in unterschiedlicher Stärke bei vielen Oxidationen beobachten. Genau betrachtet, wird bei der Reaktion *Energie* in Form von Wärme und Licht *freigesetzt.*

▲ *1 Eisenwolle verbrennt im Luftstrom ohne Wärmezufuhr.*

**Wortgleichung.** Der Chemiker beschreibt die Reaktion zwischen der Eisenwolle und dem Sauerstoff in folgender Weise:

*Eisen und Sauerstoff reagieren miteinander zu Eisenoxid. Dabei wird Energie frei.*

Diese Aussage lässt sich auch kurz als Wortgleichung schreiben:

Eisen + Sauerstoff → Eisenoxid; Energie wird frei.

Eine chemische Reaktion ist ein Vorgang, bei dem aus vorhandenen Stoffen neue Stoffe mit neuen Eigenschaften entstehen. Verbrennungen sind demnach chemische Reaktionen.
Jede chemische Reaktion, bei der sich ein Stoff mit Sauerstoff zu einem Oxid verbindet, heißt Oxidation. Metalle reagieren zu Metalloxiden.

**1** **Fragen zum Text**

**a)** Woran erkennt man, dass eine chemische Reaktion stattgefunden hat?
**b)** Was ist eine Oxidation?
**c)** Ist jede chemische Reaktion eine Oxidation? Begründe deine Antwort.

**2** **Theorie**

Magnesium wurde an Luft verbrannt.
**a)** Woran erkennt man, dass es sich hier um eine chemische Reaktion handelt?
**b)** Beschreibe die chemische Reaktion in Form einer Wortgleichung.

**3** **Experiment**

Erhitzen eines Kupferbriefs. Falte ein Stück dünnes Kupferblech einmal zusammen und biege die Ränder um. Schlage sie mit einem Hammer fest.
Erhitze das Blech etwa eine Minute mit dem Brenner. Falte nach dem Abkühlen das Kupferblech wieder auf.
**a)** Beschreibe, wo und wie sich das Kupferblech verändert hat.
**b)** Versuche die Unterschiede zu erklären.
**c)** Formuliere für die Veränderung eine Wortgleichung.

Vor allem zu Beginn der Sommerferienzeit ist der Ärger auf den Autobahnen fast schon garantiert. Stau soweit das Auge reicht. Und die Abgase der Autos machen die Laune nicht besser. Da reißt manchem genervten Autofahrer schon mal der Geduldsfaden.

Im Abgas eines Motors findet man die Nichtmetalloxide Kohlenstoffdioxid, Kohlenstoffmonooxid, Schwefeldioxid und Stickstoffoxide. Diese Gase entstehen bei der Verbrennung des Benzins im Motor. Sie sind für Mensch und Umwelt mehr oder weniger schädlich. Vom Abgaskatalysator können sie nur teilweise in unschädlichere Stoffe umgewandelt werden.

**Kohlenstoffdioxid.** Kohlenstoffdioxid (Formel: $CO_2$) ist ein farbloses und geruchsloses Gas. Es ist nicht brennbar und unterhält die Verbrennung nicht.
Um frischen, prickelnden Geschmack zu erzeugen, wird Kohlenstoffdioxid unter Druck in Mineralwasser geleitet und löst sich dort. Auf dem Etikett steht dann meistens „mit Kohlensäure".

**Entstehung**. Kohle und Holzkohle bestehen fast ganz aus Kohlenstoff; Holz, Heizöl, Benzin und Erdgas enthalten ebenfalls Kohlenstoff.
Kohlenstoffdioxid bildet sich, wenn diese Stoffe in Luft oder Sauerstoff verbrannt werden.

Kohlenstoff + Sauerstoff → Kohlenstoffdioxid;
Energie wird frei.

▲ 2 $CO_2$ wird in Kalkwasser geleitet.

Leitet man Kohlenstoffdioxid durch Kalkwasser, lässt sich eine Trübung beobachten.
Die **Trübung des Kalkwassers** ist eine **Nachweisreaktion** für Kohlenstoffdioxid.

Kohlenstoffdioxid ist ein *Treibhausgas*. Steigt die Konzentration in der Atmosphäre, so kommt es zu einer globalen Erwärmung unserer Erde, dem so genannten Treibhauseffekt. Kohlenstoffdioxid wird durch den Abgaskatalysator nicht verändert.

▲ 3 Schwefel verbrennt mit einer intensiv blauen Flamme zu Schwefeldioxid.

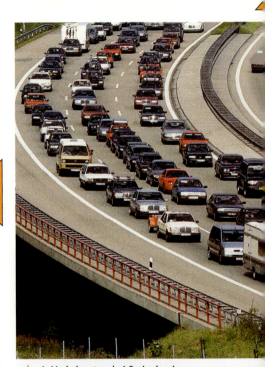

▲ 4 Verkehrsstau bei Ferienbeginn

**Kohlenstoffmonooxid.** Kohlenstoffmonooxi[d] (Formel: CO) ist ein farbloses und geruchlose[s] Gas, das schon bei geringen Mengen in der Lu[ft] tödlich wirkt.
Verbrennt man Kohlenstoff unter Sauerstof[f]mangel, entsteht neben Kohlenstoffdioxid auc[h] Kohlenstoffmonooxid.

**chwefeldioxid.** Schwefeldioxid (Formel: $SO_2$) t ein giftiges, stechend riechendes Gas, das die chleimhäute und Atemwege schädigt. Es tötet chimmelpilze und Bakterien ab und wird deshalb zur Desinfektion von Bier- und Weinfässern erwendet.

**Entstehung.** In Kohle, Heizöl und Benzin sind eringe Mengen schwefelhaltiger Stoffe enthalten. Verbrennt man sie, entsteht Schwefeldioxid:

Schwefel + Sauerstoff → Schwefeldioxid;
Energie wird frei.

Schwefeldioxid ist einer der Verursacher des auren Regens. Es lässt sich durch den Abgaskatalysator nicht aus dem Abgas entfernen.

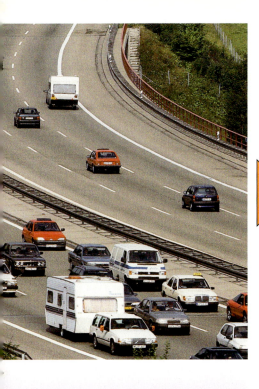

Kohlenstoff + Sauerstoff
→ Kohlenstoffmonooxid;
Energie wird frei.

ohlenstoffmonooxid entsteht auch im Automotor und wird im Abgaskatalysator zu Kohnstoffdioxid verbrannt.

**Stickstoffoxide.** Es gibt verschiedene Stickstoffoxide (Formel: $NO_x$). Das wichtigste darunter ist das Stickstoffdioxid ($NO_2$).

**Entstehung.** Stickstoff ist so reaktionsträge, dass man ihn nur bei hohen Temperaturen verbrennen kann. Man kann die Bildung des braunen Stickstoffdioxids gut beobachten, wenn man eine Wunderkerze in einem verschlossenen Glas verbrennt.

Stickstoff + Sauerstoff → Stickstoffdioxid;
Energie wird zugeführt.

▲ *1 $NO_2$ entsteht beim Verbrennen einer Wunderkerze.*

Im Automotor wird das Benzin-Luft-Gemisch durch den heißen Zündfunken der Zündkerze zur Explosion gebracht. Da Stickstoff und Sauerstoff immer in der Luft vorhanden sind, entstehen im Automotor stets auch Stickstoffoxide. Sie sind Mitverursacher des sauren Regens. Im Abgaskatalysator wird Stickstoffdioxid wieder in Stickstoff und Sauerstoff umgewandelt.

Die Nichtmetalle Kohlenstoff, Schwefel und Stickstoff reagieren mit Sauerstoff zu Kohlenstoffdioxid, Kohlenstoffmonooxid, Schwefeldioxid und verschiedenen Stickstoffoxiden. Alle entstehenden Oxide sind für die Umwelt mehr oder weniger schädlich, manche sogar giftig.

**1** **Fragen zum Text**

**a)** Welcher Bestandteil in Abgasen ist schon in geringer Konzentration für den Menschen sehr gefährlich?
**b)** Welche Stoffe im Abgas eines Motors sind für den sauren Regen mitverantwortlich?
**c)** Welches Gas aus dem Auspuff eines Autos verstärkt den Treibhauseffekt?
**d)** Bei welchen Gasen bleibt der Abgaskatalysator wirkungslos?

**Rosten.** Trotz bester Pflege beginnt jedes Auto irgendwann zu rosten. Kleine Kratzer beschädigen den Lack, Feuchtigkeit und Luft kommen an das Eisenblech heran, das Rosten beginnt.

Rosten, man spricht auch von *Korrosion*, ist eine **langsame Oxidation**. Unter dem Einfluss von Sauerstoff und Wasser bildet sich in einer chemischen Reaktion der Rost, ein wasserhaltiges Eisenoxid. Er bildet eine poröse, lockere Schicht. Sauerstoff und Wasser gelangen durch den Rost zum darunter liegenden Eisen. Der Rost frisst sich immer tiefer, bis selbst dicke Eisenteile durchgerostet sind.

Um das **Rosten zu verhindern**, müssen Sauerstoff und Wasser vom Eisen ferngehalten werden. Dazu dienen Farbanstriche und Überzüge aus Emaille oder metallische Schutzschichten aus Zink, Nickel oder Chrom. Auch diese Metalle oxidieren an der Luft. Sie bilden aber dichte Oxidschichten, die Wasser und Sauerstoff nicht hindurchlassen. Das unter dieser Schutzschicht liegende Metall wird dann nicht mehr angegriffen.

**Energie für den Körper.** Für jeden Herzschlag und für jede Bewegung benötigen wir Energie. Quelle dieser Energie sind die Nahrungsmittel. Die Nährstoffe werden im Körper „verbrannt", aber nicht schlagartig bei hoher Temperatur, sondern langsam, in vielen kleinen Schritten. So wird die Energie, die in Fett, Eiweiß und Kohlehydraten steckt für den Körper nutzbar bemacht. Auch hier findet eine langsame Oxidation statt. Der in den Nährstoffen vorhandene Kohlenstoff wird dabei zu Kohlenstoffdioxid oxidiert, das wir ausatmen. Den dazu nötigen Sauerstoff holen wir uns aus der Atemluft. Neben Kohlenstoffdioxid entsteht bei der langsamen Oxidation im Körper vor allem noch Wasser.

> Rosten und Nährstoffverwertung sind Beispiele für langsame Oxidation, bei denen die Energie nicht schlagartig freigesetzt wird, sondern in kleinen Portionen.

**1** **Fragen zum Text**

**a)** Auch beim Rosten wird Energie frei. Warum kann man bei einem rostenden Eisenblech die Erwärmung nicht spüren?

**b)** Warum verhindert ein Chromüberzug das Rosten des Eisenblechs?

**2** **Experiment**

Befeuchte eine Probe entfetteter Stahlwolle mit Wasser, eine zweite mit Maschinenöl. Schiebe die zwei Proben in Reagenzgläser. In das dritte Reagenzglas kommt trockene entfettete Stahlwolle. Stelle die Reagenzgläser mit der Öffnung nach unten für einige Tage in ein Becherglas mit Wasser.

**a)** Wie verändert sich die Stahlwolle in den drei Reagenzgläsern?

**b)** Bei welchen Proben steigt der Wasserspiegel?

Gib eine Erklärung dafür.

▲ *2 Lack schützt vor Rost …*

*3 … Zink* ▶
*ebenso*

**1** Ein verheerender Großbrand in einer Möbelfabrik verursachte einen Sachschaden in Millionenhöhe. Das Feuer war im Benzin- und Heizöllager ausgebrochen und griff auf das Holzlager über. Im weiten Umkreis mussten die Anwohner vorübergehend ihre Wohnhäuser verlassen.

**a)** Auf welche Weise muss das Feuer im Benzin- und Heizöllager gelöscht werden?
**b)** Wie geht die Feuerwehr beim Holzlager vor?
**c)** Warum wurden die Anwohner evakuiert?

**2** Begründe, warum ein Aluminiumbrand mit Quarzsand gelöscht werden kann.

**3** Zinkpulver ist ein silbergrauer Stoff. Er verbrennt hell leuchtend in der Brennerflamme. Dabei entsteht ein weißer Stoff.

Zink          Zinkoxid

**a)** Woran erkennt man, dass eine chemische Reaktion stattgefunden hat?
**b)** Welcher Stoff ist entstanden? Formuliere die Wortgleichung.
**c)** Zeichne die Vorgänge bei dieser Reaktion mit Atommodellen.

**4** Stoffe kann man durch chemische Reaktionen nachweisen.
**a)** Wie kann man nachweisen, dass bei der Zerlegung von Wasser Sauerstoff entsteht?
**b)** Wie kann man nachweisen, dass der Mensch Kohlenstoffdioxid ausatmet?

**5** Kupfer und Schwefel reagieren miteinander zu Kupfersulfid, wenn man soweit erhitzt, dass sich Schwefeldämpfe bilden und das Kupferblech glüht.
**a)** Wie heißt die Energie, die zum Starten der Reaktion zugeführt werden muss?
**b)** Erkläre, warum die beiden Stoffe im kalten Zustand nicht miteinander reagieren.

**6** Im Wachs einer Kerze ist unter anderem das Element Kohlenstoff enthalten.
**a)** Erkläre die Vorgänge beim Brennen einer Kerze.
**b)** Formuliere die Wortgleichung für die Verbrennung des Kohlenstoffs.

Abgase

Sauerstoff

Wachs

**7** In den Reagenzgläsern befindet sich Eisenwolle. Rechts sieht man, wie sich die Eisenwolle nach einem Tag verändert hat.
**a)** Erkläre die Veränderung.
**b)** Wieso kann man mit diesem Versuch beweisen, dass die Luft etwa 20 % Sauerstoff enthält?

**8** Zum Entzünden von Stahlwolle genügt es, sie zwischen die Pole einer Batterie zu halten. Verbrennt die Stahlwolle, wird sie schwerer.
**a)** Erkläre, warum sich Stahlwolle so leicht entzünden lässt.
**b)** Wie ist die Massenzunahme bei der Verbrennung von Stahlwolle zu erklären? Verwende dazu ein Atommodell.

Longlife

# Basis-Wissen

→ **Chemische Reaktion:** Bei einer chemischen Reaktion entstehen aus Ausgangsstoffen neue Stoffe mit neuen Eigenschaften (Reaktionsprodukte). Für den Start einer chemischen Reaktion benötigt man **Aktivierungsenergie.**
Eine **Oxidation** ist eine chemische Reaktion, bei der sich ein Stoff mit Sauerstoff zu einem Oxid verbindet. Beispiel:
Magnesium + Sauerstoff
→ Magnesiumoxid; Energie wird frei

chemische Reaktion
Magnesium — Magnesiumoxid

Bei endothermen Reaktionen muss ständig Energie zugeführt werden. Bei exothermen Reaktionen wird mehr Energie frei als man zugeführt hat.

Viele Metalle verbrennen zu Metalloxiden, wenn man sie in Gegenwart von Sauerstoff erhitzt.
Die Verbrennung ist umso heftiger, je größer der **Zerteilungsgrad** des Metalls und je größer das **Sauerstoffangebot** ist.
Bei Reaktionen von Metallen mit Schwefel entstehen **Sulfide.**

→ **Brennen und Löschen:** Bei jeder Verbrennung entstehen Abgase, z. B. Kohlenstoffdioxid.

Beim Löschen mit Wasser werden brennbare Stoffe unter ihre Entzündungstemperatur abgekühlt.

Mit einem Schaumlöscher wird der Luftzutritt verhindert.

Zündtemperatur — Luft — Brennstoff

Zieht man die brennenden Stoffe auseinander, fehlt dem Feuer der Nachschub.

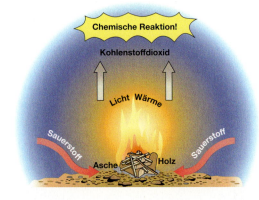
Chemische Reaktion!
Kohlenstoffdioxid
Licht Wärme
Sauerstoff — Sauerstoff
Asche Holz

→ **Nichtmetalle reagieren mit Sauerstoff:**

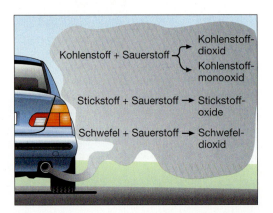
Kohlenstoff + Sauerstoff ⟨ Kohlenstoffdioxid / Kohlenstoffmonooxid
Stickstoff + Sauerstoff → Stickstoffoxide
Schwefel + Sauerstoff → Schwefeldioxid

Nichtmetalle wie Kohlenstoff, Stickstoff oder Schwefel verbrennen an der Luft. Sie reagieren mit dem Sauerstoff der Luft und bilden Nichtmetalloxide. Diese sind mehr oder weniger schädlich oder sogar giftig.

→ **Langsame Oxidationen:**
Rosten und die Nahrungsverwertung im Körper sind Beispiele für langsame Oxidationen. Bei diesen Reaktionen wird die Energie nicht schlagartig freigesetzt, sondern in kleinen Portionen.

# |6| Wie gewinnt man Metalle?

Eisen, Aluminium, Kupfer, Silber, Gold – es gibt viele Metalle, mit denen du täglich umgehst.
Metalle sind wichtige Werkstoffe und dienen auch zur Herstellung von Schmuckstücken,
besonders die Edelmetalle. Woher kommen eigentlich die Metalle? Wie wird zum Beispiel das
Kupfer gewonnen?

Die Wirtschaftskarten im Atlas geben Auskunft über Lagerstätten von Kupfer. In Deutschland wirst
du allerdings nicht viele finden. Große Lagerstätten gibt es jedoch in Nord- und Südamerika.
Doch was wird dort abgebaut? Nirgends ist Kupfer zu sehen. Die riesigen Fahrzeuge und Bagger
haben eine Art Gestein geladen. Es ist Kupfererz. Daraus muss das Metall erst noch gewonnen
werden.

# |6.1| Redoxreaktion: Vom Kupferoxid zum Kupfer

▲ 1 Ausgangsstoffe

Kalkwasser

▲ 2 Reduktion von Kupferoxid mit Holzkohle

▲ 3 Endprodukt

Silberoxid läßt sich durch starkes Erhitzen mit dem Gasbrenner in Silber und Sauerstoff zerlegen. Bei Kupferoxid und den meisten anderen Metalloxiden gelingt dies jedoch nicht, weil der Sauerstoff sehr stark an Kupfer gebunden ist. Mit einem geeigneten Reaktionspartner, zum Beispiel mit Kohlenstoff, lässt sich jedoch das Kupfer aus dem Kupferoxid gewinnen.

Im Experiment wird stangenförmiges Kupferoxid mit Holzkohle vermischt. Die Mischung wird im Reagenzglas kräftig erhitzt. Nach kurzer Zeit entstehen metallisch glänzende Kupfernadeln und ein Gas, das das Kalkwasser im Becherglas trübt. Es ist Kohlenstoffdioxid.

**Redoxreaktion.** Bei dieser Reaktion wird dem Kupferoxid der Sauerstoff entzogen. Man sagt, das Kupferoxid wird zu Kupfer **reduziert.**
Der Kohlenstoff nimmt den Sauerstoff auf, er wird **oxidiert.** Beide Reaktionen, **Red**uktion und **Ox**idation sind miteinander gekoppelt, deshalb heißt die gesamte Reaktion **Redoxreaktion.**

Das Kupferoxid gibt Sauerstoff ab und ermöglicht dadurch die Oxidation des Kohlenstoffs. Kupferoxid ist das **Oxidationsmittel.**
Der Kohlenstoff nimmt den Sauerstoff auf und ermöglicht dadurch die Reduktion des Kupferoxids. Kohlenstoff ist das **Reduktionsmittel.**

**Wer reduziert wen?** Kohlenstoff kann Kupferoxid reduzieren. Umgekehrt kann aber Kupfer dem Kohlenstoffdioxid *keinen* Sauerstoff entziehen. Kohlenstoff hat demnach ein größeres Bestreben als Kupfer, sich mit Sauerstoff zu verbinden. Kohlenstoff ist also ein stärkeres Reduktionsmittel.
Anstelle von Kohlenstoff kann man Kupferoxid auch mit vielen Metallen reduzieren. So reagieren zum Beispiel Eisenpulver und Kupferoxid beim Erhitzen zu Eisenoxid und Kupfer:

Kupferoxid + Eisen → Kupfer + Eisenoxid

Auch Magnesium, Aluminium oder Zink können Kupferoxid reduzieren. Da sie bei ihrer Oxidation *viel Wärme* liefern, sind diese *unedlen* Metalle *starke* Reduktionsmittel.
Dagegen sind Gold oder Silber nicht bei Kupferoxid als Reduktionsmittel einzusetzen.

Man kann Metalle und Nichtmetalle nach ihrer Stärke als Reduktionsmittel anordnen. Wenn man mit den starken Reduktionsmitteln beginnt, kommt man zu folgender Reihe:

**Magnesium → Aluminium → Zink → Kohlenstoff → Eisen → Blei → Kupfer → Silber → Gold**

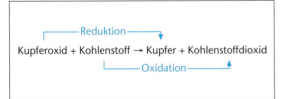

Reduktion

Kupferoxid + Kohlenstoff → Kupfer + Kohlenstoffdioxid

Oxidation

▲ 4 Redoxreaktion

Eine chemische Reaktion, bei der einem Oxid Sauerstoff entzogen wird, heißt Reduktion. Der Reaktionspartner wird gleichzeitig oxidiert. Bei einer Redoxreaktion laufen Reduktion und Oxidation gleichzeitig ab.

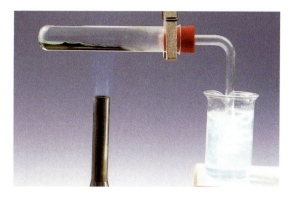

## 1 Fragen zum Text

**a)** Was ist eine Oxidation, was eine Reduktion?

**b)** Erkläre die Begriffe Oxidationsmittel und Reduktionsmittel.

**c)** Aus Aluminiumoxid soll mithilfe von Eisenpulver Aluminium gewonnen werden. Ist das möglich?

**d)** Könnte man aus Bleioxid mit Holzkohle Blei gewinnen? Formuliere die Redoxgleichung.

## 2 Experiment

Mische 3,5 g trockenes Kupferoxidpulver und 2 g feines Eisenpulver auf einem Blatt Papier. Gib die Mischung in ein Reagenzglas. Befestige es leicht schräg und nicht zu hoch an einem Stativ und erhitze kurz.

**a)** Was kannst du dabei beobachten?

**b)** Gib die abgekühlten Reaktionsprodukte in eine Porzellanschale und deute die Vorgänge mithilfe einer Redoxgleichung.

## 3 Experiment

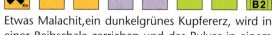

Etwas Malachit, ein dunkelgrünes Kupfererz, wird in einer Reibschale zerrieben und das Pulver in einem Reagenzglas erhitzt.

Das bei der Reaktion entstehende Gas wird durch Kalkwasser geleitet, das sich trübt.

Am kälteren Teil des Reagenzglases bilden sich Wassertröpfchen. Zurück bleibt ein schwarzes Pulver, Kupferoxid.

Nach vorsichtigem Trocknen des Reagenzglases mit der Brennerflamme wird das schwarze Pulver mit einem halben Spatel Eisenpulver gemischt und kurz erhitzt. Es entsteht rotes Kupfer und Eisenoxid.

**a)** Führe die Experimente selbst durch.

**b)** In welche Stoffe wird Malachit beim Erwärmen zerlegt?

**c)** Im zweiten Teil des Experiments läuft eine Redoxreaktion ab. Beschreibe sie. Verwende dabei die Begriffe Reduktionsmittel und Oxidationsmittel.

## 4 Experiment

Schneide aus Kupferfolie mit der Schere ein Quadrat von 10 cm Kantenlänge. Schneide es an den Ecken etwas ein und falte daraus eine flache Schachtel.

Halte sie mit der Tiegelzange eine Zeitlang in die rauschende Gasbrennerflamme und lass sie an der Luft abkühlen.

Bedecke danach den Schachtelboden mit Aktivkohle und erhitze erneut. Lass die Schachtel an der Luft abkühlen, ohne sie zu schütteln. Schütte die restliche Holzkohle erst nach dem Abkühlen aus. Erläutere, was du im Verlauf des Experiments an der Oberfläche der Kupferfolie beobachten konntest.

Vor etwa 3500 Jahren gelang es zum ersten Male, **Eisen** mithilfe von Holzkohle aus Eisenerzen zu reduzieren. Von da an wurde es *zum wichtigsten Gebrauchsmetall* der Technik.

In der Erde findet man Eisen in Form von Eisenerzen, vorwiegend als Oxid und Sulfid. Bei den Eisenerzen, die man heute zur Eisengewinnung einsetzt, handelt es sich um eisenoxidhaltige Gesteine mit einem Eisengehalt von 40–70 %. Daraus lässt es sich durch eine Redoxreaktion gewinnen. Gediegen

▲ 1 Hochofenanlage

kommt Eisen in kleinen Mengen nur in Form der seltenen Eisenmeteorite vor. Aus diesem „vom Himmel gefallenen Metall" ließen sich Pharaonen Waffen schmieden oder Amulette anfertigen, wie Grabbeigaben in Pyramiden beweisen.

### Eisengewinnung im Hochofen.

Der Hochofen ist ein etwa 50 m hoher feuerfest ausgemauerter Schachtofen. In ihm wird Eisenerz bei Temperaturen von 2000 °C zu Roheisen reduziert.
In den Hochofen wird abwechselnd Koks und *Möller* gegeben. *Koks* ist fast reiner Kohlenstoff, der aus Steinkohle gewonnen wird. Möller ist eine Mischung aus aufbereitetem Eisenerz, Kalk und anderen Zuschlagstoffen.

*Magnetit* ▲

*Roteisenstein* ▶

▲ 2 Eisenerze

Kalk bildet mit dem Restgestein eine niedrig schmelzende *Schlacke* und hilft mit, die Schmelztemperatur des Roheisens abzusenken.

Im Mittelteil des Hochofens wird das Eisenoxid bei hoher Temperatur hauptsächlich durch Kohlenstoffmonooxid zu Roheisen reduziert:

$$\text{Eisenoxid} + \frac{\text{Kohlenstoff-}}{\text{monooxid}} \rightarrow \text{Eisen} + \frac{\text{Kohlenstoff-}}{\text{dioxid}}$$

Die nötige Reaktionswärme entsteht überwiegend durch die Verbrennung des Kokses mit dem eingeblasenen *Heißwind* zu Kohlenstoffdioxid.
Das zur Reduktion benötigte Kohlenstoffmonooxid bildet sich durch die Reaktion von Kohlenstoffdioxid mit Kohlenstoff bei hohen Temperaturen.

Das flüssige Roheisen tropft durch den glühenden Koks. Dabei nimmt es auch etwas Kohlenstoff auf. Es sammelt sich am Boden des Hochofens. Darüber schwimmt die spezifisch leichtere Schlacke. Sie schützt das Roheisen vor Oxidation durch den Heißwind.

### Produkte des Hochofens.

In Abständen von vier bis sechs Stunden wird das *Roheisen* abgestochen. Es fließt durch Sandrinnen in Transportbehälter. In diesen wird es zur Stahlerzeugung ins Stahlwerk gefahren.
Soll aus Roheisen *Gusseisen* werden, lässt man es in Sandformen langsam abkühlen. In Gießereien werden diese Roheisenstücke zu Gusseisen weiterverarbeitet. Daraus stellt man Gussteile, wie Kanaldeckel oder schwere Maschinenfundamente her.
Die *Hochofenschlacke* wird im Straßenbau und zur Zementherstellung verwendet.

> Der Hochofen ist ein Schachtofen. In ihm werden Eisenoxide mithilfe von Koks bei hohen Temperaturen zu Eisen reduziert. Dieses wird zu Gusseisen und Stahl weiterverarbeitet.

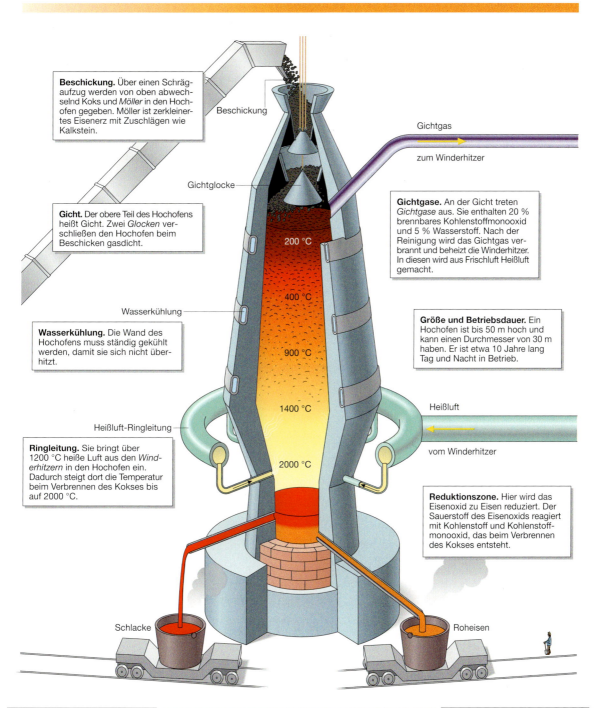

**Beschickung.** Über einen Schräg-aufzug werden von oben abwech-selnd Koks und *Möller* in den Hoch-ofen gegeben. Möller ist zerkleiner-tes Eisenerz mit Zuschlägen wie Kalkstein.

Beschickung

Gichtgas
zum Winderhitzer

Gichtglocke

**Gicht.** Der obere Teil des Hochofens heißt Gicht. Zwei *Glocken* ver-schließen den Hochofen beim Beschicken gasdicht.

**Gichtgase.** An der Gicht treten *Gichtgase* aus. Sie enthalten 20 % brennbares Kohlenstoffmonooxid und 5 % Wasserstoff. Nach der Reinigung wird das Gichtgas ver-brannt und beheizt die Winderhitzer. In diesen wird aus Frischluft Heißluft gemacht.

200 °C

400 °C

Wasserkühlung

**Wasserkühlung.** Die Wand des Hochofens muss ständig gekühlt werden, damit sie sich nicht über-hitzt.

**Größe und Betriebsdauer.** Ein Hochofen ist bis 50 m hoch und kann einen Durchmesser von 30 m haben. Er ist etwa 10 Jahre lang Tag und Nacht in Betrieb.

900 °C

1400 °C

Heißluft

Heißluft-Ringleitung

vom Winderhitzer

**Ringleitung.** Sie bringt über 1200 °C heiße Luft aus den *Wind-erhitzern* in den Hochofen ein. Dadurch steigt dort die Temperatur beim Verbrennen des Kokses bis auf 2000 °C.

2000 °C

**Reduktionszone.** Hier wird das Eisenoxid zu Eisen reduziert. Der Sauerstoff des Eisenoxids reagiert mit Kohlenstoff und Kohlenstoff-monooxid, das beim Verbrennen des Kokses entsteht.

Schlacke

Roheisen

**Schlacke.** Die Schlacke schwimmt auf dem Roheisen und verhindert so seine Oxidation zu Eisenoxid. Die Schlacke kann beim Straßen-bau verwendet werden.

**Roheisenabstich.** Das flüssige Roheisen ist schwerer als die ande-ren Stoffe. Es sinkt daher im Hoch-ofen nach unten. Das Abstichloch für Roheisen befindet sich am tiefs-ten Punkt des Hochofens.

| Tagesproduktion eines Hochofens | |
|---|---|
| Einsatz | Abgabe |
| 15 800 t Erz | 11 000 t Roheisen |
| 2 300 t Zuschläge | 3 500 t Schlacke |
| 5 000 t Koks | 3 600 t Gichtgas und Staub |
| 15 000 t Heißwind | 96 000 t erwärmtes Kühlwasser |
| 96 000 t Kühlwasser | |

▲ *1 Eisengewinnung im Hochofen*

**Stichwort Roheisen:** Roheisen enthält etwa 4 % Kohlenstoff sowie andere Begleitstoffe wie Mangan, Silicium Phosphor und Schwefel. Er ist grau, hart und spröde und lässt sich weder schmieden noch walzen.

Bruchfläche

▲ 1 Roheisen ist spröde

**Stichwort Stahl:** Stahl enthält weniger als 1,7 % Kohlenstoff. Er ist elastisch, lässt sich warm und kalt verformen, schweißen und härten. Durch Zugabe anderer Metalle können die Eigenschaften noch verändert werden.

▲ 2 Stahl ist elastisch

Das **Roheisen** aus dem Hochofen enthält noch zu viel Kohlenstoff und außerdem Fremdstoffe wie Phosphor und Schwefel. Diese Stoffe machen das Eisen spröde. Es lässt sich weder schmieden noch walzen. Erst durch die Umwandlung in **Stahl** bekommt das Material die gewünschten Eigenschaften.

Dazu müssen die unerwünschten Begleitstoffe und der überschüssige Kohlenstoff zum Teil entfernt werden. Sie werden aus der Roheisenschmelze „herausgebrannt". Der Techniker nennt das *Frischen.*

▲ 3 Sauerstoff-Aufblas-Verfahren; links: Befüllen eines Konverters, ▲ rechts: Frischen der Roheisenschmelze mit Sauerstoff

Sauerstoff

wassergekühltes Rohr

Schlacke

Schmelze

**Stahlgewinnung.** Bei dem heute üblichen **Sauerstoff-Aufblas-Verfahren** wird flüssiges Roheisen in große Konverter gefüllt. Das sind feuerfest ausgekleidete Gefäße mit einem Fassungsvermögen von 450 Tonnen. Durch ein wassergekühltes Rohr, die *Sauerstofflanze,* wird unter hohem Druck Sauerstoff auf die Roheisenschmelze geblasen.

Nun setzt eine heftige Oxidation der Begleitstoffe ein. Silicium, Phosphor und Mangan verbinden sich mit dem zugegebenen Kalk zu Schlacke. Sie schwimmt auf der Schmelze. Kohlenstoffmonooxid und Schwefeldioxid entweichen als Gase.

Bei diesen Oxidationsvorgängen wird so viel Wärme frei, dass die Temperatur der Schmelze auf 2000 °C ansteigt. Um die Schmelze abzukühlen, werden etwa 25 % Stahlschrott hinzugegeben. Dadurch wird auch Altmetall wiederverwertet.

Nach etwa 30 Minuten sind die Begleitstoffe weitgehend entfernt. Aus Roheisen und Schrott ist **Stahl** geworden. Er wird in eine Gießpfanne gekippt. Anschließend gibt man eine bestimmte Menge kohlenstoffhaltiges Eisen hinzu, um den Kohlenstoffgehalt auf das gewünschte Maß zwischen 0,5 % und 1,7 % zu bringen.

**Stahlsorten.** Techniker unterscheiden rund tausend Stahlsorten. Allein durch Änderung des Kohlenstoffgehalts kann man die Eigenschaften deutlich beeinflussen. Man spricht von **unlegiertem Stahl (Werkzeugstahl)**, wenn *keine Fremdmetalle* zugegeben werden.

Stahl mit weniger als 0,25 % Kohlenstoff lässt sich leicht zu Drähten oder dünnen Blechen verformen. Daraus stellt man Nägel, Konservendosen und Autokarosserien her. Stahl mit einem Kohlenstoffgehalt bis zu 0,7 % ist weniger leicht verformbar, dafür aber fester. Er wird für Eisenbahnschienen und Werkzeuge verwendet. Rasierklingen und Handsägen fertigt man aus noch härterem Stahl mit 0,7–1,5 % Kohlenstoff.

Gibt man weitere *Metalle* in die Stahlschmelze, erhält man **legierten Stahl (Edelstahl)**. Als Legierungszusätze verwendet man vor allem Chrom, Nickel, Wolfram, Vanadium, Molybdän, Mangan oder Titan. Man spricht hierbei auch von der *Stahlveredelung.* Solche Legierungen können besonders hart und zäh oder besonders hitzebeständig sein (Tab. 1).

Hergestellt werden solche speziellen Stahlsorten meistens im **Elektroofen**. In ihm lässt sich die Zusammensetzung der Schmelze besonders gut ein-

| Legierung | Zusätze | Eigenschaften, Vewendung |
|---|---|---|
| Chrom-Nickel-Stahl (Nirosta) | 18 % Chrom 8 % Nickel | zäh, nichtrostend; Haushaltsgeräte |
| Chrom-Vanadium-Stahl | 0,75 % Chrom 1 % Vanadium | hart, zäh; Werkzeuge wie Schraubenschlüssel |
| Hochleistungs-Schnellarbeits-Stahl (HSS-Stahl) | 6 % Wolfram 5 % Molybdän 2 % Vanadium | hitzebeständig, sehr hart; Bohrer, Fräser, Sägeblätter |

▲ *1 Wichtige Stahllegierungen*

stellen. Mit einem Lichtbogen zwischen den Graphit-Elektroden können Temperaturen bis zu 3000 °C erreicht werden. Hierbei kann bis zu 25 % Schrott mitverwendet werden.

**Walzen und Schmieden.** Nur wenig Stahl wird in Formen gegossen, etwa für schwere Maschinenteile. Der größte Teil des Stahls wird im *Walzwerk* verarbeitet. Hier werden glühende Stahlblöcke auf automatischen Walzstraßen zu Trägern, Blechen oder Drähten geformt. Kurbelwellen für Automotoren werden durch *Schmieden* in die richtige Form gebracht.

Stahl wird im Sauerstoff-Aufblas-Verfahren aus der Roheisenschmelze gewonnen. Die unerwünschten Begleitstoffe werden durch Oxidation entfernt.
Im Elektroofen stellt man Stahlsorten mit besonderen Eigenschaften her, indem man weitere Metalle zusetzt.

▲ *3 Elektroofen*

▲ *4 Vollautomatische Walzstraße*

## 1 Fragen zum Text

**a)** Weshalb wird das meiste Roheisen zu Stahl weiterverarbeitet?
**b)** Was läuft während des Frischens in der Stahlschmelze ab?
**c)** Weshalb entsteht dabei so viel Wärme?
**d)** Warum wird bei der Stahlgewinnung auch Schrott eingesetzt?
**e)** Was ist Edelstahl und wie wird er gewonnen?

## 2 Experiment

**a)** Vergleiche die Härte eines *Eisennagels* und eines *gehärteten Stahlnagels.*
Versuche, mit beiden Glas zu ritzen.
**b)** Vergleiche die Elastizität und die Verformbarkeit eines Blumendrahts und einer Rasierklinge (teilweise mit Papier umwickeln) aus gehärtetem Stahl.
**c)** Erhitze die Rasierklinge und den Draht in der rauschenden Brennerflamme bis zur Rotglut.
Lasse sie dann langsam abkühlen. Prüfe erneut die Elastizität und die Verformbarkeit.

**d)** Erhitze beide Stücke noch einmal bis zur Rotglut. Wirf diesmal die noch glühenden Teile in kaltes Wasser, um sie abzuschrecken. Prüfe wieder die Verformbarkeit.
(*Hinweis:* Eisennägel und Blumendraht bestehen gewöhnlich aus *nicht härtbarem Stahl* mit einem Kohlenstoffgehalt unter 0,5 %. *Härtbarer Stahl* hat einen Kohlenstoffgehalt zwischen 0,5 und 1,7 %.)

# Exkurs: Technik

## Ein Stahlwerk ohne Hochofen

▲ **2 Anlage zur Direktreduktion in einem Hamburger Stahlwerk**

Mitten im Hamburger Hafen gibt es ein Elektrostahlwerk mit einem Schrott- und Erzlager, einem Stahlstranggießbetrieb und einer kombinierten Stab- und Drahtwalzstraße. Nur der klassische Hochofen fehlt. Wie ist das möglich?

Das benötigte Roheisen wird direkt vor Ort aus oxidhaltigem Eisenerz erzeugt. Dazu wird es zu Eisenoxidkügelchen aufbereitet und in einer **Direktreduktionsanlage** zu Eisenschwamm reduziert. Die Reduktionsmittel sind Kohlenstoffmonooxid und Wasserstoff, die bei 1150 °C in einem Reformer aus Erdgas gewonnen werden. Der Eisenschwamm gelangt ins Elektrostahlwerk. Im Lichtbogenofen wird er mit Schrott und je nach benötigter Stahlqualität, mit Legierungsmetallen versetzt. Daraus werden Walzstahldrähte wie Betonstahl und Schweißdraht hergestellt und in alle Welt verschifft.

◄ **3 Betonstahl**

# Schienenschweißen mit Thermit

Schnell muss es gehen, wenn an einer viel befahrenen Hauptstrecke der Bahn ein schadhaftes Schienenstück ausgewechselt werden soll. Zuerst wird das schadhafte Teil herausgeschnitten; dann wird ein neues Schienenstück so eingepasst, dass an jeder Seite ein Spalt von 25 mm bleibt.

Um eine feste, auch elektrisch leitende Verbindung herzustellen, wird diese Lücke mit flüssigem Eisen verschweißt. Man gewinnt es an Ort und Stelle mithilfe einer Redoxreaktion aus **Thermit**. Das ist eine Mischung aus grobkörnigem Eisenoxid und Aluminiumgrieß. Das Reduktionsmittel ist das Metall Aluminium. Es entzieht dem Eisenoxid den Sauerstoff und wird dabei selbst oxidiert.

Zum Verschweißen bringt man am Schienenspalt eine Gießform an, die mit einem feuerfesten Reaktionsofen verbunden ist. In den Ofen wird die Thermitmischung gegeben. Sie enthält noch Legierungsmetalle wie Vanadium und Mangan, damit die Schweißnaht noch fester und stabiler wird. Nachdem man die Schienenenden auf etwa 900 °C vorgewärmt hat, wird die Mischung mit einer Art Wunderkerze gezündet. Augenblicklich setzt eine heftige Reaktion ein, bei der Eisen und Aluminiumoxid entstehen. Dabei werden Temperaturen von über 2000 °C erreicht:

Eisenoxid + Aluminium → Eisen + Aluminiumoxid

▲ *1 Thermitschweißen von Eisenbahnschienen*

Es entsteht flüssiges Eisen, darüber schwimmt flüssiges Aluminiumoxid. Kurze Zeit später fließt weißglühendes Eisen in die Gießform und füllt den Schienenstoß von unten nach oben aus. Nach dem Abkühlen wird die Gießform zerschlagen und die Schienenoberfläche glattgeschliffen. In weniger als einer halben Stunde ist die Reparatur beendet.

**1. a)** Erläutere die Thermitreaktion. Welcher Stoff wird reduziert, welcher oxidiert?
**b)** Welcher Stoff dient als Reduktionsmittel, welcher als Oxidationsmittel?

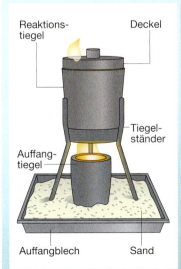

▲ *2 Thermitreaktion im Laborversuch*

Reaktionstiegel
Deckel
Tiegelständer
Auffangtiegel
Auffangblech
Sand

Schlacke

Eisen

▲ *3 Vor und nach der Reaktion*

# |6.4| Gesetz von der Erhaltung der Masse

**Das Gesetz von der Erhaltung der Masse.**
Frankreich im Jahre 1774. Der Chemiker LAVOISIER ist äußerst unzufrieden, dass eine Verbrennung einmal einen Massenverlust und ein anderes Mal eine Massenzunahme verursachen kann. Eine Kerze wird beim Verbrennen bekanntlich immer kleiner und leichter, Eisenwolle wird beim Verbrennen aber

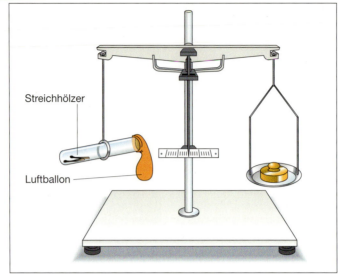

Streichhölzer

Luftballon

▲ 1 Das Experiment zeigt: Die Masse vor und nach der Reaktion ist gleich groß.

schwerer. Sein Verdacht ist, dass während der chemischen Reaktion entweder ein Stoff unbemerkt verloren geht oder unbemerkt hinzukommt. Er kommt auf die Idee, einen Stoff in einem verschlossenen Glasgefäß zu verbrennen. Somit kann während der chemischen Reaktion nichts verloren gehen und nichts hinzukommen.

Einen ähnlichen Versuch kann man selbst durchführen. Dazu werden Streichhölzer in einem verschlossenen Reagenzglas verbrannt. Mit einem Luftballon lässt sich der Luftraum verschließen. Zünden kann man die Streichhölzer durch Erhitzen des Reagenzglases.

Und was passiert? Die **Masse** ist **nach** dem Versuch **genau so groß** wie **vor** dem Versuch! Das hat auch schon LAVOISIER herausbekommen. Dieses Ergebnis *gilt für alle chemischen Reaktionen.*

Und wie ist das bei der Kerze und der Eisenwolle? Bei der Verbrennung einer Kerze entsteht unter anderem das Gas Kohlenstoffdioxid, das in die Umgebung entweicht; man wiegt es daher nicht mit. Bei der verbrennenden Eisenwolle kommt Sauerstoff während der Reaktion unbemerkt hinzu. Das Verbrennungsprodukt ist daher schwerer.

> Bei einer chemischen Reaktion ist die Masse der Ausgangsstoffe genau so groß wie die Masse der Reaktionsprodukte.

### 1 Fragen zum Text

**a)** Eine Kerze wird beim Verbrennen immer leichter. Trotzdem gilt das Gesetz von der Erhaltung der Masse. Erkläre diesen Widerspruch.
**b)** Welche Aufgabe hat der Luftballon, mit dem das Reagenzglas bei dem Versuch mit den Streichhölzern verschlossen wird?
**c)** Weshalb wird die Eisenwolle beim Verbrennen schwerer?

### 2 Experiment

Mische sorgfältig 7 g Eisenpulver und 4 g Schwefelpulver in einer Porzellanschale und gib das Gemisch in ein Reagenzglas. Verschließe das Reagenzglas mit einem Luftballon und wiege es danach so genau wie möglich.
Erhitze das Gemisch an einer Stelle, bis eine Reaktion einsetzt. Wiege das Reagenzglas mit dem Lufballon nach dem Abkühlen noch einmal.
Vergleiche die Ergebnisse der Massenbestimmungen vor und nach der Reaktion.

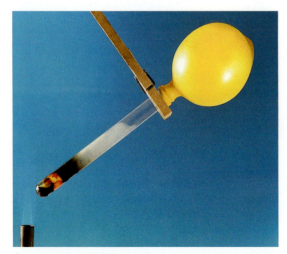

▲ 2 Reaktion zwischen Kupfer und Schwefel in einem abgeschlossenen Raum

# |6.5| Reaktionsgleichungen

Wenn man Magnesiumpulver in eine Brennerflamme bläst, gibt es ein kleines Feuerwerk. Das Magnesiumpulver verbrennt mit heller Flamme zu Magnesiumoxid. Man kann diese Reaktion mit einer Wortgleichung beschreiben.

In der Chemie beschreibt man eine Reaktion aber verkürzt mit Symbolen und Formeln. Aus der Wortgleichung wird dann eine Reaktionsgleichung. Der

▲ *1 Magnesium verbrennt.*

Begriff „Gleichung" ist darauf zurückzuführen, dass man früher anstelle des heute gebräuchlichen Reaktionspfeils ein Gleichheitszeichen verwendet hat.

Es ist gar nicht so schwierig, eine Reaktionsgleichung aufzustellen, wenn man sich an einige einfache Regeln hält.

## 1. Wortgleichung aufstellen

Magnesium + Sauerstoff → Magnesiumoxid
*Ausgangsstoffe*      *Endstoff*

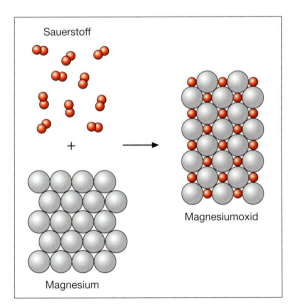

▲ *2 Reaktion im Teilchenmodell*

## 2. Symbole und Formeln einsetzen

$Mg + O_2 → MgO$

Man muss dabei beachten, dass alle *gasförmigen Elemente*, mit Ausnahme der Edelgase, als *zweiatomige Moleküle* vorkommen. Das muss auch beim Einsetzen der Formeln berücksichtigt werden.

## 3. Reaktionsgleichung einrichten

Bei einer chemischen Reaktion bleibt die Anzahl der Atome vor und nach der Reaktion *unverändert*. Die Anzahl der Atome muss deshalb auf der linken und rechten Seite des Reaktionspfeils *gleich groß* sein.

Das erreicht man, falls notwendig, durch Multiplikation der Symbole und Formeln. An den Formeln selbst darf aber nichts geändert werden.

$2 Mg + 1 O_2 → 2 MgO$

Nun findet man links und rechts des Reaktionspfeils jeweils 2 Magnesium- und 2 Sauerstoff-Atome. Die Gleichung ist ausgeglichen. Den Faktor 1 schreibt man in der Reaktionsgleichung nicht. Man gibt aber stets nur die kleinstmögliche Zahl von Teilchen an, die bei der Reaktion beteiligt sind.

## 4. Angabe des Energieumsatzes

Bei jeder chemischen Reaktion wird Energie zugeführt oder abgegeben. In einer Reaktionsgleichung gibt man deshalb häufig noch zusätzlich an, ob bei einer Reaktion Energie frei wird (exotherme Reaktion) oder ob man Wärme zuführen muss (endotherme Reaktion).

$2 Mg + O_2 → 2 MgO;$    Energie wird frei

> Eine chemische Reaktion kann mit einer Reaktionsgleichung beschrieben werden. Eine Reaktionsgleichung gibt nicht nur die Ausgangsstoffe und Reaktionsprodukte einer chemischen Reaktion an. Sie zeigt auch, in welchem Verhältnis die Teilchen miteinander reagieren.

### ◼ 1   Fragen zum Text

a) Nenne die Regeln für das Aufstellen einer Reaktionsgleichung.
b) Welche Vorteile hat eine Reaktionsgleichung gegenüber einer Wortgleichung.
c) Was bedeuten die Begriffe exotherm und endotherm?

**Atommasse.** Jedes Teilchen besitzt eine Masse. Die Massen der Atome verschiedener Elemente unterscheiden sich. Die Masse eines einzelnen Atoms ist sehr gering. Die Masse eines Wasserstoff-Atoms beträgt beispielsweise nur $1{,}67 \cdot 10^{-24}$ g, das sind 0,000 000 000 000 000 000 000 001 67 g. Die Masse eines Sauerstoffatoms beträgt $1{,}67 \cdot 10^{-23}$ g, also 0,000 000 000 000 000 000 000 026 7 g.

Diese Masse bezeichnet man als **absolute Atommasse**.

Solche unvorstellbar winzigen Massen kann man nicht mit herkömmlichen Waagen wiegen. Deshalb ist es unzweckmäßig, sie für chemische Berechnungen zu verwenden.

**Die Stoffmenge.** Atome sind sehr klein und liegen deshalb schon in kleinsten Stoffportionen in sehr großer Zahl vor.

In der Chemie ist es aus diesem Grund üblich, 602 200 000 000 000 000 000 000 Teilchen zu einer Zähleinheit zusammenzufassen.

Diese Einheit nennt man **1 Mol**. Diese Zahl kann man auch kürzer schreiben: $6{,}02 \cdot 10^{23}$.

1 mol = $6{,}02 \cdot 10^{23}$ Teilchen.

Diese Zahl ist natürlich nicht willkürlich gewählt worden. Man hat sie bestimmt, weil $6{,}02 \cdot 10^{23}$ Wasserstoffatome genau 1 Gramm wiegen. $6{,}02 \cdot 10^{23}$ Kohlenstoffatome wiegen 12 g. In dieser Größenordnung kann man leicht wiegen und rechnen.

Das Mol ist die Einheit der **Stoffmenge n. Darunter versteht man die Anzahl der Teilchen in einer bestimmten Stoffportion.** Die Teilchen können Atome oder Moleküle sein.

Zum Beispiel gehören zu 2 mol Eisen $2 \cdot 6{,}02 \cdot 10^{23}$ Atome, also $12{,}04 \cdot 10^{23}$ Atome.

▲ 1  Verschiedene Stoffmengen von Eisen

**Molare Masse.** Den Zusammenhang zwischen der *Stoffmenge*, also der Teilchenzahl, und der *Masse* in Gramm gibt die **molare Masse M** an.

Sie ist damit eine Stoffkonstante. 1 mol Eisen hat die Masse 56 Gramm. Die molare Masse von Eisen beträgt deshalb $M = 56 \frac{g}{mol}$.

Die molare Masse ist aus Tabellen ersichtlich. Solche Tabellen gibt es in Tafelwerken. Die Einheit der molaren Masse ist **Gramm pro Mol**.

> Die molare Masse M eines Stoffes ist der Quotient aus der Masse m und der zugehörigen Stoffmenge n:  $M = \frac{m}{n}$
> Die Einheit der molaren Masse ist $\frac{g}{mol}$.

| $6 \cdot 10^{23}$ Teilchen | $6 \cdot 10^{23}$ Teilchen | $6 \cdot 10^{23}$ Teilchen | $6 \cdot 10^{23}$ Teilchen | $6 \cdot 10^{23}$ Teilchen |
|---|---|---|---|---|
| 18 g Wasser | 32 g Schwefel | 207 g Blei | 63,5 g Kupfer | 27 g Aluminium |

▲ 2  Ein Mol verschiedener Stoffe

**1**  **Fragen zum Text**

**a)** Weshalb rechnet man in der Chemie nicht mit absoluten Atommassen?

**b)** Übernimm folgende Tabelle in dein Heft und fülle aus.

| Größe | Formelzeichen | Einheit | Formel |
|---|---|---|---|
| Masse | | | |
| Molare Masse | | | |
| Stoffmenge | | | |

**2**  **Theorie**

Finde im Tafelwerk die Umrechnungszahl ($6{,}02 \cdot 10^{23}$) für die Stoffmenge und Teilchenanzahl. (Suche auch im Bereich der Physik.) Welchen Namen hat diese Zahl?

## Rechenbeispiele und Übungsaufgaben

### Berechnung der Masse

Berechne die Masse von 3 mol Schwefeldioxid.

gegeben: $n_{SO_2} = 3$ mol

$M_{SO_2} = 64 \frac{g}{mol}$

gesucht: $m_{SO_2}$

Lösung: $m_{SO_2} = n_{SO_2} \cdot M_{SO_2}$

$m_{SO_2} = 3 \text{ mol} \cdot 64 \frac{g}{mol}$

$m_{SO_2} = 192$ g

Antwort: Die Masse von 3 mol Schwefeldioxid beträgt 192 g.

### Berechnung der Stoffmenge

Welcher Stoffmenge entspricht die Masse von 80 g Calcium?

gegeben: $m_{Ca} = 80$ g

$M_{Ca} = 40 \frac{g}{mol}$

gesucht: $n_{Ca}$

Lösung: $n_{Ca} = m_{Ca} : M_{Ca}$

$n_{Ca} = 80 \text{ g} : 40 \frac{g}{mol}$

$n_{Ca} = 2$ mol

Antwort: Der Masse von 80 g Calcium entspricht eine Stoffmenge von 2 mol.

| chemisches Element | Symbol | Molare Masse in $\frac{g}{mol}$ | chemische Verbindung | Formel | Molare Masse in $\frac{g}{mol}$ |
|---|---|---|---|---|---|
| Aluminium | Al | 27 | Aluminiumoxid | $Al_2O_3$ | 102 |
| Blei | Pb | 207 | Blei(II)- oxid | PbO | 223 |
| Eisen | Fe | 56 | Eisen(III)-oxid | $Fe_2O_3$ | 160 |
| Calcium | Ca | 40 | Calciumoxid | CaO | 56 |
| Kohlenstoff | C | 12 | Kohlenstoffdioxid | $CO_2$ | 44 |
| Kupfer | Cu | 64 | Kohlenstoffmonooxid | CO | 28 |
| Magnesium | Mg | 24 | Kupfer(II)-oxid | CuO | 80 |
| Sauerstoff | $O_2$ | 32 | Magnesiumoxid | MgO | 40 |
| Schwefel | S | 32 | Schwefeldioxid | $SO_2$ | 64 |
| Silber | Ag | 108 | Silberoxid | $Ag_2O$ | 232 |
| Stickstoff | $N_2$ | 28 | Stickstoffdioxid | $NO_2$ | 46 |
| Wasserstoff | $H_2$ | 2 | Wasser | $H_2O$ | 18 |
| Zink | Zn | 65 | Zinkoxid | ZnO | 81 |

▲ 1 *Molare Massen einiger chemischer Elemente und Verbindungen*

Verwende für diese Aufgaben die vorgegebene Tabelle oder ein Tafelwerk.

**1.** Lies die molaren Massen folgender Stoffe ab: Aluminium, Magnesium, Silber, Aluminiumoxid, Blei(II)-oxid, Magnesiumoxid, Sauerstoff, Wasserstoff, Schwefel, Schwefeldioxid, Kohlenstoffmonooxid.

**2.** Welcher Masse entsprechen folgende Stoffmengen:

1 mol Phosphor, 1 mol Blei, 2 mol Magnesium, 3 mol Eisen, 1 mol Schwefeldioxid, 1 mol Zinkoxid, 3 mol Eisen(III)-oxid, 4 mol Wasser, 0,5 mol Zink, 2 mol Silber, 6 mol Silberoxid, 10 mol Calcium.

**3.** Errechne die Stoffmengen, die folgenden Massen zugeordnet werden:
103,5 g Blei, 28 g Stickstoff, 11,5 g Natrium, 64 g Schwefel, 232 g Silberoxid, 159 g Kupfer(II)-oxid, 160 g Magnesiumoxid, 7 g Kohlenstoffmonooxid.

# |6.7| Masseberechnungen

Wenn man in der chemischen Industrie einen Stoff durch eine chemische Reaktion herstellt, muss man zuvor wissen, welche Mengen an Ausgangsstoffen man dafür benötigt. So kann man die Ausgangsstoffe rationell nutzen.

Um herauszufinden, in welchem Verhältnis die Stoffe bei einer Reaktion miteinander reagieren, kann man folgenden Versuch machen.

Eine Stoffprobe von exakt 2 g Eisenpulver wird abgewogen und in einem Porzellantiegel mit etwa 1,5 g Schwefelpulver gut vermischt. Das Gemisch wird entzündet und so lange erhitzt, bis der überschüssige Schwefel verbrannt ist. Die Masse des Reaktionsproduktes wird jeweils bestimmt.

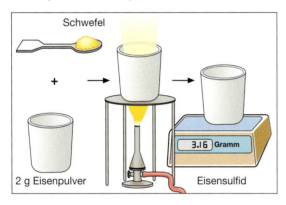

Schwefel

+

2 g Eisenpulver          Eisensulfid

Ergebnisse:

| Fe | + | S | FeS |
|---|---|---|---|
| 2 g | | 1,5 g | 3,16 g |
| 2 g | | 1,4 g | 3,16 g |
| 2 g | | 1,6 g | 3,16 g |
| 2 g | | 1,16 g | 3,16 g |

Man erkennt, dass es nichts nützt, einen deutlichen Überschuss an Schwefel zuzugeben. Nur wenn die Ausgangsstoffe in dem Stoffmengenverhältnis vorliegen, das die Gleichung angibt, reagieren sie vollständig miteinander. Liegt ein anderes Verhältnis vor, dann bleibt ein Teil des Ausgangsstoffes übrig und wird nicht genutzt.

Die Berechnung beliebiger Massen reagierender Stoffe wird möglich, wenn man das Massenverhältnis kennt, das der betreffenden Reaktion zugrunde liegt.

Darin bestätigt sich *das Gesetz von der Erhaltung der Masse*.

Beispiel:

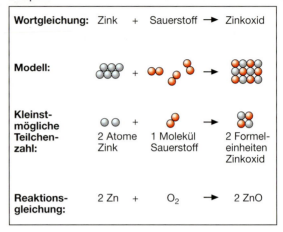

| Wortgleichung: | Zink | + | Sauerstoff | → | Zinkoxid |
| Modell: | | | | | |
| Kleinstmögliche Teilchenzahl: | 2 Atome Zink | + | 1 Molekül Sauerstoff | → | 2 Formeleinheiten Zinkoxid |
| Reaktionsgleichung: | 2 Zn | + | $O_2$ | → | 2 ZnO |

| 2 Zn | + | $O_2$ | 2 ZnO |
|---|---|---|---|
| 2 mol Zink<br>2 mol · 65 g/mol | | 1 mol Sauerstoff<br>1 mol · 32 g/mol | 2 mol Zinkoxid<br>2 mol · 81 g/mol |
| 130 g Zink | | 32 g Sauerstoff | 162 g Zinkoxid |

130 g Zink reagieren also mit 32 g Sauerstoff zu 162 g Zinkoxid.

Mit Hilfe der Beziehung $m = n \cdot M$ kann für jede Stoffmenge die zugehörige Masse des Stoffes angegeben werden.

### 1 Fragen zum Text

a) Was geschieht beim Experiment mit dem überschüssigen Schwefel? Ermittle die Masse des überschüssigen Schwefels bei den einzelnen Versuchen.
b) Was ist unter rationeller Nutzung der Ausgangsstoffe zu verstehen?

### 2 Theorie

a) Stelle die Reaktionsgleichung für die Oxidation von Schwefel zu Schwefeldioxid auf.
b) Lies die Stoffmengen der an der Reaktion beteiligten Stoffe ab.

### 3 Theorie

a) Stelle die Reaktionsgleichung für die Verbrennung von Kohlenstoff zu Kohlenstoffdioxid auf.
b) Interpretiere die Reaktionsgleichung bezüglich der Stoffmenge.
c) Berechne die zu den Stoffmengen gehörenden Massen, wie im Beispiel oben.

# Rechenbeispiele zum Stoffumsatz bei chemischen Reaktionen

| Teilschritte | 3 Gramm Magnesium werden verbrannt. Wie groß ist die Masse des entstehenden Magnesiumoxids? |
|---|---|
| 1. Chemische Gleichung | $2\,Mg \;+\; O_2 \longrightarrow 2\,MgO$ |
| 2. Eintragen der gegebenen und gesuchten Größen | gegeben: $m_{Mg} = 3\,g$      gesucht: $m_{MgO}$ |
| 3. Zuordnung der molaren Größen | $n_{Mg} = 2\,mol$      $n_{MgO} = 2\,mol$ <br> $M_{Mg} = 24\,\frac{g}{mol}$      $M_{MgO} = 40\,\frac{g}{mol}$ |
| 4. Multiplizieren der Stoffmenge mit der molaren Masse | $2\,mol \cdot 24\,\frac{g}{mol}$      $2\,mol \cdot 40\,\frac{g}{mol}$ |
| 5. Aufstellen der Verhältnisgleichung | $\dfrac{m_{MgO}}{3\,g} = \dfrac{2\,mol \cdot 40\,\frac{g}{mol}}{2\,mol \cdot 24\,\frac{g}{mol}}$ |
| 6. Lösung | $m_{MgO} = \dfrac{2\,mol \cdot 40\,\frac{g}{mol} \cdot 3\,g}{2\,mol \cdot 24\,\frac{g}{mol}}$ <br><br> $m_{MgO} = 5\,g$ |
| 7. Antwort | Bei der Verbrennung von 3 Gramm Magnesium entstehen 5 Gramm Magnesiumoxid. |

### Rechenbeispiel 2

Die Masseberechnung ist auch mit Hilfe einer Formel möglich, die du im Tafelwerk findest.

Aufgabe: Welche Masse Eisen(III)-oxid entsteht bei der Verbrennung von 10 g Eisen?

$4\,Fe \;+\; 3\,O_2 \longrightarrow 2\,Fe_2O_3$

$m_{Fe} = 10\,g$      $m_{Oxid}$

$n_{Fe} = 4\,mol$      $n_{Oxid} = 2\,mol$

$M_{Fe} = 56\,\frac{g}{mol}$      $M_{Oxid} = 160\,\frac{g}{mol}$

$\dfrac{m_1}{m_2} = \dfrac{n_1 \cdot M_1}{n_2 \cdot M_2}$      $\dfrac{m_{Oxid}}{m_{Fe}} = \dfrac{n_{Oxid} \cdot M_{Oxid}}{n_{Fe} \cdot M_{Fe}}$

$m_{Oxid} = \dfrac{2\,mol \cdot 160\,\frac{g}{mol} \cdot 10\,g}{4\,mol \cdot 56\,\frac{g}{mol}}$

$m_{Oxid} = 14{,}3\,g$

Bei der Verbrennung von 10 g Eisen entstehen 14,3 Gramm Eisen(III)-oxid.

1. Berechne die Masse Blei(II)-oxid, die bei der Verbrennung von 15 g Blei entsteht.
   $2\,Pb \;+\; O_2 \longrightarrow 2\,PbO$

2. Welche Masse Wasserstoff wurde bei der Entstehung von 250 g Wasser verbrannt?
   $2\,H_2 \;+\; O_2 \longrightarrow 2\,H_2O$

3. Bei der Kohleverbrennung in einem Kraftwerk werden 1000 Tonnen Kohlenstoff verbraucht. Welche Masse Kohlenstoffdioxid entsteht dabei?
   $C \;+\; O_2 \longrightarrow CO_2$

4. In welchem Masseverhältnis muss ein Thermitgemisch aus Aluminium und Eisenoxid hergestellt werden?
   $2\,Al \;+\; Fe_2O_3 \longrightarrow Al_2O_3 + 2\,Fe$

5. Welche Masse Kohlenstoffdioxid entsteht in einem Hochofen bei der Herstellung von 100 Tonnen Roheisen?
   $Fe_2O_3 \;+\; 3\,CO \longrightarrow 2\,Fe + 3\,CO_2$

# Trainer

**1** In der Reihe der Reduktionsmittel steht das Kupfer hinter dem Zink. Welche der folgenden Reaktionen ist möglich?
**a)** Kupfer reduziert Zinkoxid.
**b)** Zink reduziert Kupferoxid.

**2** Aluminium reagiert mit Sauerstoff zu Aluminiumoxid $Al_2O_3$.
Entwickle Schritt für Schritt die zugehörige Reaktionsgleichung.

**3** Bei der Verbrennung von Zink entsteht Zinkoxid. Stelle diese Reaktion mithilfe eines Teilchenmodells dar.

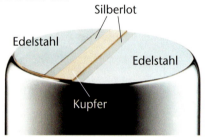

**4** **a)** Kochtöpfe bestehen meist aus Edelstahl. Wie unterscheidet er sich von normalem Stahl?
**b)** Hochwertige Töpfe besitzen im Boden eine Kupferschicht. Was hat das für einen Vorteil?
**c)** Töpfe für Profiköche bestehen fast ganz aus Kupfer. Warum sind diese Töpfe innen stets noch mit einem anderen Metall beschichtet?

**5** Erhitzt man Bleioxid mit Holzkohle, entsteht Blei.
**a)** Stelle die Reaktionsgleichung auf.
**b)** Erläutere an diesem Beispiel die Begriffe Oxidation, Reduktion und Redoxreaktion.
**c)** Was ist in diesem Fall das Reduktionsmittel, was das Oxidationsmittel?
**d)** Womit lässt sich Zinkoxid reduzieren?

**6** **a)** Wozu dient ein Hochofen?
**b)** Welche chemischen Vorgänge laufen darin ab?
**c)** Weshalb bleibt ein Hochofen jahrelang ununterbrochen in Betrieb?

**7** **a)** Weshalb muss das Roheisen noch verändert werden, bevor man es als Stahl verkaufen kann?
**b)** Welche Bestandteile des Roheisens werden durch das Frischen entfernt?
**c)** Warum erhitzt sich die Schmelze dabei, obwohl keine Wärme zugeführt wird?

**8** **a)** Was geschieht im Elektroofen eines Stahlwerks?
**b)** Wie stellt man sehr harten Stahl für Bohrer und Sägeblätter her?

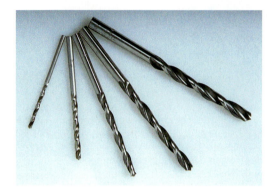

**9** Wenn man eine Kerze auf eine Waage stellt und anzündet, sieht man, dass die Kerze im Laufe der Zeit leichter wird. Oberflächlich betrachtet widerspricht dies dem Gesetz von der Erhaltung der Masse.
**a)** Wie ist die Massenabnahme zu erklären?
**b)** Denke dir eine Versuchsanordnung aus, die die Massenzunahme bei diesem Versuch beweist.

**10** Dachrinnen, die lange halten sollen, werden häufig aus teurem Kupferblech hergestellt.
**a)** Welche Eigenschaft des Kupfers wird dabei ausgenutzt?
**b)** Warum sind gewöhnliche Eisenbleche für die Herstellung von Dachrinnen nicht geeignet?
**c)** Dachrinnen und Abflussrohre werden häufig aus Kunststoff gefertigt. Warum sind Kunststoffe dafür geeignet?

**11** **a)** Welcher Masse entsprechen folgende Stoffmengen?
1 mol Stickstoffdioxid, 3 mol Zink, 0,5 mol Silber, 5 mol Wasser.
**b)** Errechne die Stoffmengen folgender Massen: 10 g Wasserstoff, 120 g Calcium, 224 g Eisen.

→ **Reduktion:** Das ist eine chemische Reaktion, bei der einem Oxid Sauerstoff entzogen wird. Es ist die Umkehrung einer Oxidation. Bei einer **Redoxreaktion** laufen Oxidation und Reduktion gleichzeitig ab:

$$\overbrace{\text{Kupferoxid} + \text{Kohlenstoff} \rightarrow \text{Kupfer}}^{\text{Oxidation}} + \text{Kohlenstoffdioxid}$$

Das **Reduktionsmittel** nimmt Sauerstoff auf und wird dabei oxidiert.
Das **Oxidationsmittel** gibt Sauerstoff ab und wird dabei reduziert.

→ **Eisen und Stahl:** Eisenerz wird in Hochöfen mithilfe von Koks zu Roheisen reduziert. Das Reduktionsmittel ist Kohlenstoffmonooxid, das bei der Verbrennung von Koks entsteht.

Eisenoxid + Kohlenstoffmonooxid → Eisen + Kohlenstoffdioxid

Wenn durch Aufblasen von Sauerstoff aus dem Roheisen Kohlenstoff und andere Begleitstoffe entfernt werden, wird aus Eisen **Stahl.**

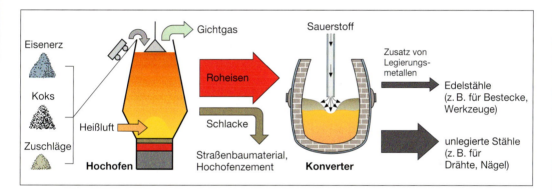

→ **Gesetz von der Erhaltung der Masse:** Bei einer chemischen Reaktion ist die Masse der Ausgangsstoffe genauso groß wie die Masse der Reaktionsprodukte.

→ **Reaktionsgleichungen** beschreiben chemische Reaktionen in Kurzform unter Verwendung der chemischen Zeichensprache. Beispiel:

Magnesium + Wasser → Magnesiumoxid + Wasserstoff;    Energie wird frei
$Mg$           $+ H_2O$    → $MgO$          $+ H_2$;   Energie wird frei
     Ausgangsstoffe              Reaktionsprodukte

→ **Stoffmenge:** In **1 mol** eines Stoffes sind stets **$6{,}02 \cdot 10^{23}$ Teilchen** enthalten.

→ **Molare Masse:** Die molare Masse eines Stoffes ist der Quotient aus der Masse m und der zugehörigen Stoffmenge n:    $M = \frac{m}{n}$ (Einheit: $\frac{g}{mol}$).
Beispiel: 1 mol Eisen hat die Masse 56 g; die molare Masse beträgt $56 \frac{g}{mol}$.

# Stoffliste

| Stoff | Gefahrensymbole, Sicherheitssymbole, Entsorgungssymbole | Ratschläge R/S-Sätze |
|---|---|---|
| Alkohol (Ethanol) | F; B3 | R: 11 / S: 7–16 |
| Aluminiumpulver | F | R: 15–17 / S: 7/8–43 |
| Ameisensäure 2 % ≤ w < 10 % | Xi; B2 | R: 36/38 / S: |
| Ammoniak-Lösung 5 % ≤ w < 10 % | Xi; B1 | R: 36/37/38 / S: 26 |
| Ammoniumchlorid | Xn | R: 22–36 / S: 22 |
| Ammonium-thiocyanat | Xn | R: 20/21/22–32 / S: 13 |
| Bariumchlorid | T; B2 | R: 20–25 / S: 45 |
| Bariumhydroxid-Lösung (ges.) | Xi | R: 20/22–34 / S: 26–28–45 |
| Bariumnitrat | Xn; B2 | R: 20/22 / S: 28 |
| Benzin (Waschbenzin) | F; B3 | R: 11 / S: 9–16–29–33 |
| Blutlaugensalz (rot oder gelb) | | R: / S: |
| Brom (flüssig) | T; C; N; X | R: 26–35–50 / S: 7/9–26–45–61 |
| Bromwasser (ges.) | T; Xi; X | R: 23–24 / S: 7/9–26–45 |
| Butan | F+ | R: 12 / S: 9–16 |
| Calcium | F; X | R: 15 / S: 8–24/25–43 |
| Calciumcarbonat | | R: / S: |
| Calciumchlorid | Xi | R: 36 / S: 22–24 |
| Calciumhydroxid | Xi; B1 | R: 41 / S: 22–24–26–39 |
| Calciumoxid | Xi; B1 | R: 41 / S: 22–24–26–39 |
| Calciumsulfat | | R: / S: |
| Chlor-Gas | T; N; X | R: 23–36/37/38–50 / S: 9–45–61 |
| Chlorwasser (ges.) | Xn; X | R: 20–36/37/38/23 / S: 7/9–45 |
| Chlorwasserstoff-Gas | T; C | R: 23–35 / S: 9–26–36/37/39–45 |
| Cobaltchlorid | T; N; B2 | R: 49–22–42/43–50/53 / S: 22–53–45–60–61 |
| Cumolhydroperoxid | T; O; N; B3 | R: 7–21/22–23–34–48/20/22–51/53 / S: 3/7–14–36/37/39–45–50–61 |
| 1,6-Diaminohexan | C; B3 | R: 21/22–34–37 / S: 22–26–36/37/39–45 |
| Dieselkraftstoff/Dieselöl | F; B3 | R: 11 / S: 9–16–29–33 |
| Eisenpulver, -wolle (Stahlwolle) | | R: / S: |
| Eisen(III)-chlorid | Xn | R: 22–38–41 / S: 26–39 |

| Stoff | Gefahrensymbole, Sicherheitssymbole, Entsorgungssymbole | Ratschläge R/S-Sätze |
|---|---|---|
| Eisen(II)-sulfat | Xn | R: 22 / S: 24/25 |
| Essigsäure w ≥ 25 % | C; B1 | R: 35 / S: 23–26–45 |
| Essigsäure 10 % ≤ w < 25 % | Xi | R: 36/38 / S: 23–26–45 |
| Essigsäureethyl-ester (Ethylacetat) | Xi; F; B3 | R: 11–36–66–67 / S: 16–23–26–33 |
| Ethan | F+ | R: 12 / S: 9–16–33 |
| Ethanol | F; B3 | R: 11 / S: 7–16 |
| Ethen | F+ | R: 12 / S: 9–16–33 |
| FEHLING-Lösung I | B2 | R: 22–36/38 / S: 22 |
| FEHLING-Lösung II | C; B1 | R: 35 / S: 26–27–37/39 |
| Glycerin | | R: / S: |
| Heptan | F; N; B3 | R: 11–38–50/53–65–67 / S: 9–16–29–33–60–61–62 |
| Hexan | Xn; F; N; B3 | R: 11–38–48/20–51/53–62–65–67 / S: 9–16–29–33–36/37–61–62 |
| Hexandisäure-dichlorid | C; B3 | R: 34 / S: 26–36/37/39–45 |
| Iod-Lösung (in Kaliumiodid-Lösung) | | R: / S: |
| Iod-Tinktur (alkoholische Lösung) | Xn; F; B2 | R: 20/21 / S: 23–25 |
| Kalilauge w ≥ 2 % | C; B1 | R: 35 / S: 26–37/39–45 |
| Kalilauge 0,5 % ≤ w < 2 % | Xi; B1 | R: 34 / S: 26–37/39–45 |
| Kaliumaluminium-sulfat (Alaun) | | R: / S: |
| Kaliumbromid | | R: / S: |
| Kaliumchlorid | | R: / S: |
| Kaliumhexa-cyanoferrat(III) | | R: / S: |
| Kaliumhydroxid | C; B1 | R: 22–35 / S: 2–26–37/39–45 |
| Kaliumiodid | | R: / S: |
| Kaliumnitrat | O | R: 8 / S: 16–41 |
| Kaliumpermanganat | Xn; O; N; B2 | R: 8–22–50/53 / S: 60–61 |
| Kalkwasser | | R: / S: |
| Kupferoxid | B2 | R: / S: |
| Kupfersulfat | Xn; N; B2 | R: 22–36/38–50/53 / S: 22–60–61 |
| Kupfersulfid | B2 | R: / S: |

| Stoff | Gefahrensymbole, Sicherheitssymbole, Entsorgungssymbole | Ratschläge R/S-Sätze |
|---|---|---|
| Kupferblech, -pulver | | R: <br> S: |
| Lithium | X | R: 14/15–34 <br> S: 8–43–45 |
| Lithiumchlorid | | R: 22–36/38 <br> S: |
| Magnesium | X | R: 11–15–17 <br> S: 7/8–43 |
| Magnesiumchlorid | | R: <br> S: |
| Magnesiumoxid | | R: <br> S: 22 |
| Magnesiumsulfat | | R: <br> S: |
| Methan | | R: 12 <br> S: 9–16–33 |
| Methanol | | R: 11–23/24/25–39 <br> S: 7–16–36/37–45 |
| Natriumborat (Borax) | | R: 22 <br> S: |
| Natriumcarbonat (Soda) | | R: 36 <br> S: 22–26 |
| Natriumchlorid | | R: <br> S: |
| Natriumhydrogencarbonat (Natron) | | R: <br> S: |
| Natriumhydroxid | | R: 35 <br> S: 26–37/39–45 |
| Natriumsilicat-Pulver (Wasserglas) | | R: 22 <br> S: |
| Natronlauge $w \geq 2\,\%$ | | R: 35 <br> S: 26–27–37/39–45 |
| Natronlauge $0{,}5\,\% \leq w < 2\,\%$ | | R: 36/38 <br> S: |
| Ölsäure/Benzin-Gemisch (1:1000) | | R: 11 <br> S: 9–16–29–33 |
| Oxalsäure $w \geq 5\,\%$ | | R: 21/22 <br> S: 24/25 |
| Palmitinsäure | | R: <br> S: |
| Paraffinöl | | R: <br> S: |
| Pentan | | R: 12–51/53–65–66–67 <br> S: 9–16–29–33–61–62 |
| Pentanol | | R: 10–20 <br> S: 24/25 |

| Stoff | Gefahrensymbole, Sicherheitssymbole, Entsorgungssymbole | Ratschläge R/S-Sätze |
|---|---|---|
| Petroleum | | R: 11 <br> S: 9–16–29–33 |
| Phenolphthalein-Lösung (alkohol.) | | R: 11 <br> S: 7–16 |
| Phosphorsäure $10\,\% \leq w < 25\,\%$ | | R: 36/38 <br> S: 26–45 |
| PVC-Pulver | | R: <br> S: |
| Salpetersäure $5\,\% \leq w < 70\,\%$ | | R: 35 <br> S: 23–26–27 |
| Salpetersäure $1\,\% \leq w < 5\,\%$ | | R: 36/37/38 <br> S: |
| Salzsäure $w \geq 25\,\%$ | | R: 34–37 <br> S: 26–45 |
| Salzsäure $10\,\% \leq w < 25\,\%$ | | R: 36/37/38 <br> S: 28 |
| Schwefel | | R: <br> S: |
| Schwefeldioxid | | R: 23–34 <br> S: 9–26–36/37/39–45 |
| Schwefelsäure $w \geq 15\,\%$ | | R: 35 <br> S: 26–30–45 |
| Schwefelsäure $5\,\% \leq w < 15\,\%$ | | R: 36/38 <br> S: 26 |
| Silbernitrat | | R: 34–50/53 <br> S: 26–45–60–61 |
| Silbernitrat-Lösung $(w = 1\,\%)$ | | R: <br> S: |
| Silbersulfid | | R: <br> S: |
| Strontiumchlorid | | R: <br> S: |
| Styrol | | R: 10–20–36/38 <br> S: 23 |
| Universalindikator | | R: <br> S: |
| Wasserstoff-Gas | | R: 12 <br> S: 9–16–33 |
| Wasserstoffperoxid $(w = 3\,\%)$ | | R: <br> S: |
| Zinksulfat | | R: 36/38–50/53 <br> S: 22–25–60–61 |
| Zinkpulver | | R: 15–17 <br> S: 7/8–43 |
| Zinn | | R: <br> S: |

X:  spezielle Entsorgungsreaktion

 Abzug benutzen oder den Versuch in einer geschlossenen Apparatur durchführen

Bei allen Experimenten sollte man grundsätzlich eine **Schutzbrille** tragen

Schutzhandschuhe tragen

 Entsorgung über Abfluss bzw. Papierkorb möglich

# Die chemischen Elemente

| Elemente | | OZ | Atom-masse in u | Dichte[1] in $\frac{g}{cm^3}$ (Gase: $\frac{g}{l}$) | Schmelz- temperatur in °C | Siede- temperatur in °C |
|---|---|---|---|---|---|---|
| Name | Symbol | | | | | |
| **A**ctinium | Ac | 89 | (227) | 10,1 | 1050 | – |
| Aluminium | Al | 13 | 26,9815 | 2,70 | 660 | ≈ 2300 |
| Americium | Am | 95 | (243) | 11,7 | 827 | 2610 |
| Antimon (Stibium) | Sb | 51 | 121,75 | 6,68 | 630 | 1640 |
| Argon | Ar | 18 | 39,948 | *1,784* | –189 | –186 |
| Arsen | As | 33 | 74,9216 | 5,73 | 817p | 633s |
| **B**arium | Ba | 56 | 137,34 | 3,7 | 717 | 1640 |
| Beryllium | Be | 4 | 9,0122 | 1,86 | 1278 | 2970 |
| Bismut (Bismutum) | Bi | 83 | 208,980 | 9,80 | 271 | 1560 |
| Blei (Plumbum) | Pb | 82 | 207,2 | 11,4 | 327 | 1750 |
| Bor | B | 5 | 10,81 | 2,34 | ≈ 2000 | ≈ 2500 |
| Brom | Br | 35 | 79,904 | 3,14 | –7 | 58 |
| **C**admium | Cd | 48 | 112,40 | 8,64 | 321 | 767 |
| Caesium | Cs | 55 | 132,905 | 1,90 | 29 | 690 |
| Calcium | Ca | 20 | 40,08 | 1,55 | 845 | 1440 |
| Cer | Ce | 58 | 140,12 | 6,8 | 800 | 3600 |
| Chlor | Cl | 17 | 35,453 | *3,214* | –102 | –34 |
| Chrom | Cr | 24 | 51,996 | 7,19 | ≈ 1900 | ≈ 2500 |
| Cobalt | Co | 27 | 58,9332 | 8,83 | 1490 | 3100 |
| **D**ysprosium | Dy | 66 | 162,50 | 8,54 | 1407 | ≈ 2600 |
| **E**isen (Ferrum) | Fe | 26 | 55,847 | 7,86 | 1537 | 2730 |
| Erbium | Er | 68 | 167,26 | 9,05 | 1497 | 2900 |
| Europium | Eu | 63 | 151,96 | 5,26 | 826 | 1439 |
| **F**luor | F | 9 | 18,9984 | *1,70* | –220 | –188 |
| **G**adolinium | Gd | 64 | 157,25 | 7,90 | 1312 | ≈ 3000 |
| Gallium | Ga | 31 | 69,72 | 6,0 | 30 | 2340 |
| Germanium | Ge | 32 | 72,59 | 5,36 | 960 | ≈ 2700 |
| Gold (Aurum) | Au | 79 | 196,967 | 19,3 | 1063 | 2700 |
| **H**afnium | Hf | 72 | 178,49 | 13,3 | 2220 | > 3000 |
| Helium | He | 2 | 4,0026 | *0,178* | –272p | –269 |
| Holmium | Ho | 67 | 164,930 | 8,80 | 1461 | ≈ 2600 |
| Indium | In | 49 | 114,82 | 7,31 | 156 | 2000 |
| Iod | I | 53 | 126,9044 | 4,94 | 114 | 184 |
| Iridium | Ir | 77 | 192,2 | 22,6 | 2454 | > 4500 |
| **K**alium | K | 19 | 39,102 | 0,86 | 64 | 760 |
| Kohlenstoff (Carboneum) | C | 6 | 12,0115 | [2] | > 3500s | ≈ 4000 |
| Krypton | Kr | 36 | 83,80 | *3,708* | –157 | –153 |
| Kupfer (Cuprum) | Cu | 29 | 63,546 | 8,93 | 1083 | 2350 |
| **L**anthan | La | 57 | 138,91 | 6,1 | 920 | 4515 |
| Lithium | Li | 3 | 6,941 | 0,53 | 180 | 1335 |
| Lutetium | Lu | 71 | 174,97 | 9,84 | 1652 | 3327 |
| **M**agnesium | Mg | 12 | 24,305 | 1,74 | 650 | 1105 |
| Mangan | Mn | 25 | 54,9380 | 7,3 | 1220 | 2150 |
| Molybdän | Mo | 42 | 95,94 | 10,2 | 2620 | ≈ 5000 |
| **N**atrium | Na | 11 | 22,9898 | 0,97 | 98 | 883 |
| Neodym | Nd | 60 | 144,24 | 7,0 | 1024 | 3300 |
| Neon | Ne | 10 | 20,179 | *0,90* | –249 | –246 |

| Elemente | | OZ | Atom-masse in u | Dichte[1] in $\frac{g}{cm^3}$ (Gase: $\frac{g}{l}$) | Schmelz- temperatur in °C | Siede- temperatur in °C |
|---|---|---|---|---|---|---|
| Name | Symbol | | | | | |
| Neptunium | Np | 93 | (237) | 19,5 | – | – |
| Nickel | Ni | 28 | 58,70 | 8,90 | 1453 | ≈ 2800 |
| Niob | Nb | 41 | 92,906 | 8,5 | 2468 | ≈ 3700 |
| **O**smium | Os | 76 | 190,2 | 22,5 | ≈ 2600 | ≈ 5500 |
| **P**alladium | Pd | 46 | 106,4 | 12,0 | 1555 | 3380 |
| Phosphor | P | 15 | 30,9738 | [3] | 44[4] | 285[4] |
| Platin | Pt | 78 | 195,09 | 21,45 | 1770 | 3300 |
| Plutonium | Pu | 94 | (244) | 19,7 | 640 | 3200 |
| Polonium | Po | 84 | (209) | 9,32 | 254 | 962 |
| Praseodym | Pr | 59 | 140,907 | 6,7 | 935 | ≈ 3300 |
| **Q**uecksilber (Hydrargyrum) | Hg | 80 | 200,59 | 13,55 | –39 | 357 |
| **R**adium | Ra | 88 | 226,05 | ≈ 6 | ≈ 700 | 1140 |
| Radon | Rn | 86 | (222) | *9,96* | –71 | –62 |
| Rhenium | Re | 75 | 186,2 | 20,9 | 3170 | ≈ 5900 |
| Rhodium | Rh | 45 | 102,905 | 12,4 | 1966 | 4500 |
| Rubidium | Rb | 37 | 85,47 | 1,53 | 39 | 690 |
| Rhutenium | Ru | 44 | 101,07 | 12,4 | 2400 | ≈ 4500 |
| **S**amarium | Sm | 62 | 150,35 | 7,5 | 1072 | ≈ 1900 |
| Sauerstoff (Oxygenium) | O | 8 | 15,9994 | *1,429* | –219 | –183 |
| Scandium | Sc | 21 | 44,956 | 3,0 | 1540 | 2730 |
| Schwefel (Sulfur) | S | 16 | 32,06 | 2,0 | 119 | 444 |
| Selen | Se | 34 | 78,96 | 4,8 | 220 | 688 |
| Silber (Argentum) | Ag | 47 | 107,870 | 10,5 | 960 | 2150 |
| Silicium | Si | 14 | 28,086 | 2,4 | 1410 | 2630 |
| Stickstoff (Nitrogenium) | N | 7 | 14,0067 | *1,251* | –210 | –196 |
| Strontium | Sr | 38 | 87,62 | 2,6 | 757 | 1365 |
| **T**antal | Ta | 73 | 180,948 | 16,7 | 2990 | > 5000 |
| Technetium* | Tc | 43 | (97) | 11,5 | 2140 | – |
| Tellur | Te | 52 | 127,60 | 6,2 | 450 | 990 |
| Terbium | Tb | 65 | 158,924 | 8,3 | 1350 | ≈ 2800 |
| Thallium | Tl | 81 | 204,37 | 11,85 | 303 | 1457 |
| Thorium | Th | 90 | 232,038 | 11,7 | ≈ 1800 | ≈ 3600 |
| Thulium | Tm | 69 | 168,934 | 9,33 | 1545 | 1727 |
| Titan | Ti | 22 | 47,90 | 4,51 | ≈ 1700 | 3260 |
| **U**ran | U | 92 | 238,029 | 19,1 | 1133 | ≈ 3600 |
| **V**anadium | V | 23 | 50,9414 | 6,1 | ≈ 1800 | > 3000 |
| **W**asserstoff (Hydrogenium) | H | 1 | 1,00797 | *0,0899* | –259 | –253 |
| Wolfram | W | 74 | 183,85 | 19,30 | 3410 | 5400 |
| **X**enon | Xe | 54 | 131,30 | *5,89* | –112 | –108 |
| **Y**tterbium | Yb | 70 | 173,04 | 6,5 | 8,25 | 1427 |
| Yttrium | Y | 39 | 88,905 | 4,5 | 1490 | 2927 |
| **Z**ink | Zn | 30 | 65,38 | 7,2 | 420 | 910 |
| Zinn (Stannum) | Sn | 50 | 118,69 | 7,3 | 232 | ≈ 2400 |
| Zirkonium | Zr | 40 | 91,22 | 6,5 | 1860 | ≈ 3600 |

\* künstlich gewonnenes Element,  OZ Ordnungszahl,  (243) Eine eingeklammerte Zahl gibt die Nukleonenzahl des langlebigsten Isotops des Elements an.
– Werte sind nicht bekannt,  ≈ Wert sehr ungenau,  p unter Druck,  s sublimiert,  1) Bei gasförmigen Elementen wird die Dichte *kursiv* gedruckt angegeben.
Sie gilt für 0 °C und 1013 hPa.  2) Graphit: 2,25, Diamant: 3,51,  3) weißer P: 1,83, roter P: 2,2,  4) weißer P

## Eigenschaften von Gasen

| Name | Dichte bei 20 °C (1013 hPa) in $\frac{g}{l}$ | Schmelz-temperatur (1013 hPa) | Siede-temperatur (1013 hPa) | Löslichkeit bei 25 °C in 1 l Wasser in l |
|---|---|---|---|---|
| Wasserstoff ($H_2$) | 0,084 | −259 | −253 | 0,019 |
| Stickstoff ($N_2$) | 1,17 | −210 | −196 | 0,015 |
| Sauerstoff ($O_2$) | 1,33 | −219 | −183 | 0,028 |
| Fluor ($F_2$) | 1,58 | −220 | −188 | – |
| Chlor ($Cl_2$) | 2,95 | −101 | −35 | 2,2 |
| Helium (He) | 0,17 | −270 | −269 | 0,09 |
| Neon (Ne) | 0,84 | −249 | −246 | 0,016 |
| Argon (Ar) | 1,66 | −189 | −186 | 0,032 |
| Krypton (Kr) | 3,48 | −57 | −152 | 0,071 |
| Luft | 1,20 | – | – | 0,0063* 0,012** |
| Ammoniak ($NH_3$) | 0,71 | −78 | −33 | 680 |
| Chlorwasserstoff (HCl) | 1,52 | −114 | −85 | 466 |
| Schwefelwasserstoff ($H_2S$) | 1,42 | −83 | −62 | 2,41 |
| Schwefeldioxid ($SO_2$) | 2,67 | −73 | −10 | 35 |
| Kohlenstoffmonooxid (CO) | 1,17 | −205 | −190 | 0,023 |
| Kohlenstoffdioxid ($CO_2$) | 1,83 | −78 (sublimiert) | | 0,80 |
| Methan ($CH_4$) | 0,67 | −182 | −162 | 0,032 |
| Ethan ($C_2H_6$) | 1,25 | −183 | −89 | 0,043 |
| Propan ($C_3H_8$) | 1,84 | −188 | −42 | 0,06 |
| Butan ($C_4H_{10}$) | 2,47 | −138 | −1 | 0,14 |
| Ethen ($C_2H_4$) | 1,17 | −169 | −104 | 0,13 |
| Ethin ($C_2H_2$) | 1,06 | −81 | −84 | 0,95 |

\* von Sauerstoff aus der Luft
\** von Stickstoff aus der Luft

## Gewinde und Farbkennzeichnung von Stahlflaschen für Gase

| Gas | Gewinde | alte Farb-kennzeich-nung | neue Farbkennzeichnung („N") | |
|---|---|---|---|---|
| | | | Flaschenschulter | Flaschenmantel |
| Sauerstoff | rechts | blau | weiß | blau oder grau |
| Stickstoff | rechts | dunkel-grün | schwarz | grau, schwarz oder dunkel-grün |
| Druckluft | rechts | grau | leuchtend grün | grau |
| Argon | rechts | grau | dunkelgrün | grau oder dunkelgrün |
| Helium | rechts | grau | braun | grau |
| Kohlen-stoffdioxid | rechts | grau | grau | grau |
| Wasserstoff | links | rot | rot | rot |
| Acetylen | Spezial-gewinde | gelb | kastanienbraun | kastanien-braun, schwarz oder gelb |

## Reagenzlösungen

**Chlorwasser (Xn):** Destilliertes Wasser durch Einleiten von Chlor sättigen; in brauner Flasche aufbewahren.

**Bromwasser (T, Xi):** 10 Tropfen Brom in 250 ml destilliertem Wasser lösen.

**Iodwasser:** Einige Blättchen Iod in destilliertem Wasser kurz aufkochen.

**Iod/Kaliumiodid-Lösung:** 2 g Kaliumiodid in wenig Wasser vollständig lösen und 1 g Iod zugeben. Nach dem Lösen auf 300 ml auffüllen und in brauner Flasche aufbewahren.

**FEHLING-Lösung I:** 7 g Kupfersulfat ($CuSO_4 \cdot 5\,H_2O$) in 100 ml Wasser lösen.

**FEHLING-Lösung II (C):** 35 g Kaliumnatriumtartrat (Seignette-Salz) und 10 g Natriumhydroxid in 100 ml Wasser lösen.

**Kalkwasser:** 1 g Calciumoxid in 500 ml destilliertem Wasser schütteln und filtrieren (0,02 $\frac{mol}{l}$).

**Silbernitrat-Lösung:** 17 g Silbernitrat auf 1 Liter auffüllen (0,1 $\frac{mol}{l}$).

**Bariumchlorid-Lösung (Xn):** 24,4 g Bariumchlorid ($BaCl_2 \cdot 2\,H_2O$) auf 1 Liter auffüllen (0,1 $\frac{mol}{l}$).

**Bleiacetat-Lösung (T):** 9,5 g Bleiacetat ($Pb(CH_3COO)_2 \cdot 3\,H_2O$) auf 250 ml auffüllen (0,1 $\frac{mol}{l}$).

**Indikatorlösungen:**
*Bromthymolblau:* 0,1 g in 100 ml 20%igem Ethanol.
*Methylrot (F):* 0,2 g in 100 ml 90%igem Ethanol.
*Phenolphthalein (F):* 0,1 g in 100 ml 70%igem Ethanol.
*Universalindikator für pH 2–10 (F):* 300 mg Dimethylgelb, 200 mg Methylrot, 400 mg Bromthymolblau, 500 mg Thymolblau und 100 mg Phenolphthalein in 500 ml 90%igem Ethanol.

| Farbstufen: | pH ≤ 2: rot | pH 8: grün |
|---|---|---|
| | pH 4: orange | pH 10: blau |
| | pH 6: gelb | |

**BAEYER-Reagenz:** 10%ige Sodalösung mit einer verdünnten Kalium-permanganat-Lösung versetzen, bis die Lösung kräftig violett gefärbt ist.

**TOLLENS-Reagenz** (ammoniakalische Silbernitrat-Lösung): Silbernitrat-Lösung (0,1 mol · l$^{-1}$) mit etwa einem Zehntel des Volumens verdünnter Natronlauge versetzen. Anschließend unter Schütteln Ammoniak-Lösung (25 %) zutropfen, bis sich der Silberoxid-Niederschlag gerade wieder löst. Die Reagenz-Lösung wird jeweils frisch zubereitet. Sie darf nicht aufbewahrt werden, da sich Silberazid bilden könnte (Explosionsgefahr). Reste der Reagenz-Lösung ansäuern und über den Behälter B2 entsorgen.

**SCHIFF-Reagenz** (fuchsinschweflige Säure): 0,25 g Fuchsin in 1 Liter Wasser lösen (Rotfärbung); unter ständigem Rühren schweflige Säure (oder angesäuerte Lösung von $Na_2S_2O_5$) zutropfen, bis Entfärbung eintritt.

## Saure und alkalische Lösungen

| Lösung | gelöster Stoff | * | verdünnt | | konzentriert | |
|---|---|---|---|---|---|---|
| | | | Massen-anteil | Dichte bei 20 °C | Massen-anteil | Dichte bei 20 °C |
| Salzsäure | HCl (g) | 2 | 7 % | 1,033 | 36 % | 1,179 |
| Schwefelsäure | $H_2SO_4$ (l) | 1 | 9 % | 1,059 | 98 % | 1,836 |
| Salpetersäure | $HNO_3$ (l) | 2 | 12 % | 1,066 | 68 % | 1,391 |
| Phosphorsäure | $H_3PO_4$ (s) | 1 | 10 % | 1,05 | 85 % | 1,71 |
| Essigsäure | $CH_3COOH$ (l) | 2 | 12 % | 1,015 | 99 % | 1,052 |
| Natronlauge | NaOH (s) | 2 | 8 % | 1,087 | 30 % | 1,328 |
| Kalilauge | KOH (s) | 2 | 11 % | 1,100 | 27 % | 1,256 |
| Kalkwasser | $Ca(OH)_2$ (s) | | 0,16 %** | 1,001** | | ** Angaben für ge-sättigte Lösungen |
| Barytwasser | $Ba(OH)_2$ (s) | | 3,4 %** | 1,04** | | |
| Ammoniak-Lösung | $NH_3$ (g) | 2 | 3 % | 0,981 | 25 % | 0,907 |

\* Stoffmengenkonzentration in $\frac{mol}{l}$

# Gefahrenhinweise und Sicherheitsratschläge

## Gefahrenhinweise (R-Sätze)

R 1 In trockenem Zustand explosionsgefährlich

R 2 Durch Schlag, Reibung, Feuer oder
andere Zündquellen explosionsgefährlich

R 3 Durch Schlag, Reibung, Feuer oder
andere Zündquellen besonders
explosionsgefährlich

R 4 Bildet hochempfindliche explosions-
gefährliche Metallverbindungen

R 5 Beim Erwärmen explosionsfähig

R 6 Mit und ohne Luft explosionsfähig

R 7 Kann Brand verursachen

R 8 Feuergefahr bei Berührung mit
brennbaren Stoffen

R 9 Explosionsgefahr bei Mischung mit
brennbaren Stoffen

R 10 Entzündlich

R 11 Leicht entzündlich

R 12 Hoch entzündlich

R 14 Reagiert heftig mit Wasser

R 15 Reagiert mit Wasser unter Bildung
hoch entzündlicher Gase

R 16 Explosionsgefährlich in Mischung
mit brandfördernden Stoffen

R 17 Selbstentzündlich an der Luft

R 18 Bei Gebrauch Bildung explosionsfähi-
ger/leicht entzündlicher Dampf-Luft-
gemische möglich

R 19 Kann explosionsfähige Peroxide bilden

R 20 Gesundheitsschädlich beim Einatmen

R 21 Gesundheitsschädlich bei Berührung
mit der Haut

R 22 Gesundheitsschädlich beim Verschlucken

R 23 Giftig beim Einatmen

R 24 Giftig bei Berührung mit der Haut

R 25 Giftig beim Verschlucken

R 26 Sehr giftig beim Einatmen

R 27 Sehr giftig bei Berührung mit der
Haut

R 28 Sehr giftig beim Verschlucken

R 29 Entwickelt bei Berührung mit Wasser
giftige Gase

R 30 Kann bei Gebrauch leicht entzündlich werden

R 31 Entwickelt bei Berührung mit Säure
giftige Gase

R 32 Entwickelt bei Berührung mit Säure
sehr giftige Gase

R 33 Gefahr kumulativer Wirkung

R 34 Verursacht Verätzungen

R 35 Verursacht schwere Verätzungen

R 36 Reizt die Augen

R 37 Reizt die Atmungsorgane

R 38 Reizt die Haut

R 39 Ernste Gefahr irreversiblen Schadens

R 40 Irreversibler Schaden möglich

R 41 Gefahr ernster Augenschäden

R 42 Sensibilisierung durch Einatmen
möglich

R 43 Sensibilisierung durch Hautkontakt
möglich

R 44 Explosionsgefahr bei Erhitzen unter
Einschluss

R 45 Kann Krebs erzeugen

R 46 Kann vererbbare Schäden verursachen

R 48 Gefahr ernster Gesundheitsschäden
bei längerer Exposition

R 49 Kann Krebs erzeugen beim Einatmen

R 50 Sehr giftig für Wasserorganismen

R 51 Giftig für Wasserorganismen

R 52 Schädlich für Wasserorganismen

R 53 Kann in Gewässern längerfristig
schädliche Wirkungen haben

R 54 Giftig für Pflanzen

R 55 Giftig für Tiere

R 56 Giftig für Bodenorganismen

R 57 Giftig für Bienen

R 58 Kann längerfristig schädliche Wirkungen auf die Umwelt haben

R 59 Gefährlich für die Ozonschicht

R 60 Kann die Fortpflanzungsfähigkeit
beeinträchtigen

R 61 Kann das Kind im Mutterleib schädigen

R 62 Kann möglicherweise die Fortpflanzungsfähigkeit beeinträchtigen

R 63 Kann das Kind im Mutterleib möglicherweise schädigen

R 64 Kann Säuglinge über die Mutter-
milch schädigen

R 65 Gesundheitsschädlich: Kann beim
Verschlucken Lungenschäden verursachen

R 66 Wiederholter Kontakt kann zu sprö-
der oder rissiger Haut führen

R 67 Dämpfe können Schläfrigkeit oder
Benommenheit verursachen

## Sicherheitsratschläge (S-Sätze)

S 1 Unter Verschluss aufbewahren

S 2 Darf nicht in die Hände von Kindern
gelangen

S 3 Kühl aufbewahren

S 4 Von Wohnplätzen fernhalten

S 5 Unter ... aufbewahren (geeignete
Flüssigkeit vom Hersteller anzugeben)

S 6 Unter ... aufbewahren (inertes Gas
vom Hersteller anzugeben)

S 7 Behälter dicht geschlossen halten

S 8 Behälter trocken halten

S 9 Behälter an einem gut gelüfteten Ort
aufbewahren

S 12 Behälter nicht gasdicht verschließen

S 13 Von Nahrungsmitteln, Getränken
und Futtermitteln fernhalten

S 14 Von ... fernhalten (inkompatible
Substanzen sind vom Hersteller
anzugeben)

S 15 Vor Hitze schützen

S 16 Von Zündquellen fernhalten – Nicht
rauchen

S 17 Von brennbaren Stoffen fernhalten

S 18 Behälter mit Vorsicht öffnen und
handhaben

S 20 Bei der Arbeit nicht essen und trinken

S 21 Bei der Arbeit nicht rauchen

S 22 Staub nicht einatmen

S 23 Gas/Rauch/Dampf/Aerosol nicht einatmen (geeignete Bezeichnung(en)
vom Hersteller anzugeben)

S 24 Berührung mit der Haut vermeiden

S 25 Berührung mit den Augen vermeiden

S 26 Bei Berührung mit den Augen sofort
gründlich mit Wasser abspülen und
Arzt konsultieren

S 27 Beschmutzte, getränkte Kleidung
sofort ausziehen

S 28 Bei Berührung mit der Haut sofort
abwaschen mit viel ... (vom Hersteller anzugeben)

S 29 Nicht in die Kanalisation gelangen
lassen

S 30 Niemals Wasser hinzugießen

S 33 Maßnahmen gegen elektrostatische
Aufladung treffen

S 35 Abfälle und Behälter müssen in
gesicherter Weise beseitigt werden

S 36 Bei der Arbeit geeignete Schutzklei-
dung tragen

S 37 Geeignete Schutzhandschuhe tragen

S 38 Bei unzureichender Belüftung Atemschutzgerät anlegen

S 39 Schutzbrille/Gesichtsschutz tragen

S 40 Fußboden und verunreinigte Gegenstände mit ... reinigen (Material vom
Hersteller anzugeben)

S 41 Explosions- und Brandgase nicht einatmen

S 42 Bei Räuchern/Versprühen geeignetes
Atemschutzgerät anlegen (geeignete
Bezeichnung(en) vom Hersteller
anzugeben)

S 43 Zum Löschen ... (vom Hersteller anzugeben) verwenden (wenn Wasser
die Gefahr erhöht, anfügen: „Kein
Wasser verwenden")

S 45 Bei Unfall oder Unwohlsein sofort
Arzt hinzuziehen (wenn möglich dieses Etikett vorzeigen)

S 46 Bei Verschlucken sofort ärztlichen Rat
einholen und Verpackung oder
Etikett vorzeigen

S 47 Nicht bei Temperaturen über ... °C
aufbewahren (vom Hersteller anzugeben)

S 48 Feucht halten mit... (geeignetes
Mittel vom Hersteller anzugeben)

S 49 Nur im Originalbehälter aufbewahren

S 50 Nicht mischen mit ... (vom Hersteller
anzugeben)

S 51 Nur in gut gelüfteten Bereichen verwenden

S 52 Nicht großflächig für Wohn- und
Aufenthaltsräume verwenden

S 53 Exposition vermeiden – vor Gebrauch besondere Anweisungen einholen

S 56 Diesen Stoff und seinen Behälter der
Problemfallentsorgung zuführen

S 57 Zur Vermeidung einer Kontamina-
tion der Umwelt geeigneten Behälter
verwenden

S 59 Information zur Wiederverwendung
beim Hersteller/ Lieferanten erfragen

S 60 Dieser Stoff und sein Behälter sind
als gefährlicher Abfall zu entsorgen

S 61 Freisetzung in die Umwelt vermeiden. Besondere Anweisungen einho-
len/Sicherheitsdatenblatt zu Rate ziehen

S 62 Bei Verschlucken kein Erbrechen her-
beiführen. Sofort ärztlichen Rat einholen und Verpackung oder dieses
Etikett vorzeigen

S 63 Bei Unfall durch Einatmen: Verunfall-
ten an die frische Luft bringen und
ruhig stellen

S 64 Bei Verschlucken Mund mit Wasser
ausspülen (nur wenn Verunfallter bei
Bewusstsein ist)

# Stichwortverzeichnis

# Stichwortverzeichnis

# Bildquellenverzeichnis

# Laborgeräte

Gasbrenner

Dreifuß

Tondreieck

Drahtnetz

Tiegelzange

Reagenz-
glashalter

Spatellöffel

Stativ

Stativring

Doppelmuffe

Stativ-
klemme

Thermometer

Spritzflasche

Reagenz-
glasbürste

Reagenzglasgestell

Reagenz-
glas

Reagenzglas
mit Ansatzrohr

Becherglas

Erlenmeyer-
kolben

Mess-
kolben

Stehkolben

Rundkolben

Mess-
zylinder

Stand-
zylinder

Gaswasch-
flasche

Liebigkühler

Kolben-
prober

Trocken-
rohr

Mess-
pipette

Voll-
pipette

Tropf-
pipette

U-Rohr

Trichter

Scheide-
trichter

Glas-
stab

pneumatische
Wanne

Kristallisierschale

Abdampf-
schale

Reibschale
mit Pistill

Exsikkator

Porzellan-
tiegel

Porzellan-
schiffchen

Uhrglas

# Das illustrierte Periodensystem

**Hauptgruppen**

## I

**H**
**1 Wasserstoff**
- Raketentreibstoff
- Fetthärtung
- Entschwefelung von Erdöl
- Herstellung von Ammoniak
- x 1,008

## VIII

**He**
**2 Helium**
- Füllung für Ballone und Zeppeline
- Tauchglockenatmosphäre
- Laser und Leckdetektoren
- Kühlmittel für Kernkraftwerke
- x 4,003

## II

**Li**
**3 Lithium**
- v Schmieroladditiv
- Batterien
- + Legierungen für die Raumfahrt
- v Laborglas
- x 6,94

**Be**
**4 Beryllium**
- Fenster für Röntgenröhren
- + Uhrfedern
- Hitzefestes Glas
- Funkenfreie Werkzeuge
- x 9,01

## III

**B**
**5 Bor**
- v Moderator in Kernkraftwerken
- v Tennisschläger
- v Hitzefestes Glas
- v Bleichmittel
- x 10,81

## IV

**C**
**6 Kohlenstoff**
- ○ Diamanten, Bleistifte
- ○ Färbemittel für Reifen
- ○ Moderator in Kernkraftwerken
- + Kunststoffe
- x 12,01

## V

**N**
**7 Stickstoff**
- ○ Kältetherapie
- ○ Kühlmittel (flüssig)
- ○ Ammoniakherstellung
- v Düngemittel
- x 14,01

## VI

**O**
**8 Sauerstoff**
- ○ Verbrennungen
- ○ Stahlproduktion
- ○ Wasseraufbereitung
- v Sand, Wasser, Beton
- x 16,00

## VII

**F**
**9 Fluor**
- v Anreicherung von Uran-235
- v Kühlmittel
- v Zahnpasta
- v Teflon
- x 19,00

**Ne**
**10 Neon**
- ○ Neonleuchten
- ○ Scheinwerfer
- ○ Laser
- ○ Spannungsprüfer
- x 20,18

---

**Na**
**11 Natrium**
- v Straßenbeleuchtung
- v Kühlmittel für Kernreaktoren
- + Batterien
- v Kochsalz, Soda, Glas
- x 22,99

**Mg**
**12 Magnesium**
- v Unterwasserfackel
- + Flugzeuge, Motorenteile
- v Schamottsteine
- v Pigmente, Filter
- x 24,31

**Al**
**13 Aluminium**
- ○ Fenster- und Türbeschläge
- ○ Rohre, Kabel, Folien
- + Feuerwerk
- + Automobile, Raketen, Flugzeuge
- x 26,98

**Si**
**14 Silicium**
- ○ Elektronische Bauteile, Solarzellen
- + Werkzeuge
- v Zement, Quarzglas
- v Silikonschmierstoffe
- x 28,09

**P**
**15 Phosphor**
- v Feuerwerk, Zündhölzer
- v Düngemittel, Waschmittel
- v Zahnpasta
- v Pestizide
- x 30,97

**S**
**16 Schwefel**
- ○ Zündhölzer, Feuerwerk
- + Batterien
- v Gummivulkanisierung
- v Haarfestiger
- x 32,06

**Cl**
**17 Chlor**
- v Wasseraufbereitung
- v Bleiche, Salzsäure
- v PVC
- v Rostentferner
- x 35,45

**Ar**
**18 Argon**
- ○ Glühbirnen
- ○ Glasentladungsröhren
- ○ Laser, Geigerzähler
- ○ Schutzgas zum Schweißen
- x 39,95

---

**K**
**19 Kalium**
- v Düngemittel
- v Optische Gläser
- v Zündhölzer, Schießpulver
- v Kochsalzersatz
- x 39,10

**Ca**
**20 Calcium**
- v Metallurgie
- v Kabelisolierung
- v Düngemittel
- v Beton, gebrannter Kalk
- x 40,08

**Ga**
**31 Gallium**
- ○ Quarzthermometer
- ○ Informationsspeicher
- v Transistoren, Laserdioden
- v Lokalisierung von Tumoren
- x 69,72

**Ge**
**32 Germanium**
- ○ Infrarotprismen
- v Transistoren, Dioden
- v Schmuckgold
- v Weitwinkelobjektiv
- x 72,59

**As**
**33 Arsen**
- + Schrotkugeln
- + Spiegelbeschichtung
- v Leuchtdioden
- v Glas, Laser
- x 74,92

**Se**
**34 Selen**
- v Belichtungsmesser
- v Fotokopierer
- v Solarzellen
- v Anti-Schuppen-Shampoo
- x 78,96

**Br**
**35 Brom**
- v Tränengas
- v Brandschutz
- v Desinfektionsmittel
- v Filme
- x 79,90

**Kr**
**36 Krypton**
- ○ Leuchtröhren
- ○ Blitzbirnen
- ○ Wellenlängen-Standard
- ○ UV-Laser
- x 83,80

---

**Rb**
**37 Rubidium**
- ○ Fotozellen
- ○ Gasfalle in Vakuumbehältern
- Herzmuskelforschung
- x 85,47

**Sr**
**38 Strontium**
- v Nuklearbatterien
- v Beta-Strahler
- v Leuchtfarbe
- v Feuerwerk
- x 87,62

**In**
**49 Indium**
- ○ Solarzellen, Spiegel
- v Moderator in Kernreaktoren
- v Fotozellen, Transistoren
- v Blut- und Lungenforschung
- x 114,82

**Sn**
**50 Zinn**
- + Geschirr
- + Münzen
- + Orgelpfeifen
- v Opalglas, Email
- x 118,69

**Sb**
**51 Antimon**
- + Lot, Klischees
- + Bleibatterien, Dichtungen
- v Infrarotdetektoren
- v Arznei gegen Parasiten
- x 121,75

**Te**
**52 Tellur**
- ○ Zündhütchen
- v Gummivulkanisierung
- v Batteriegehäuse
- + Elektrische Widerstände
- x 127,60

**I**
**53 Iod**
- ○ Desinfektionsmittel
- ○ Halogenlampen
- v Tintenpigmente
- v Kochsalzzusatz
- x 126,90

**Xe**
**54 Xenon**
- ○ UV-Lampen, Solarien
- ○ Farbentester
- ○ Projektionslampen
- ○ Elektronenblitze
- x 131,30

---

**Cs**
**55 Caesium**
- ○ Fotozellen
- ○ Gammastrahlenquelle
- ○ Atomuhren
- ○ Infrarotlampen
- x 132,91

**Ba**
**56 Barium**
- v Zündkerzen
- v Gasfallen in Vakuumbehältern
- v Feuerwerk
- v Fluoreszenzlampen
- x 137,34

**Tl**
**81 Thallium**
- + Thermometer
- ○ Infrarotdetektoren
- v Herzmuskelforschung
- v Insektizide
- x 204,37

**Pb**
**82 Blei**
- ○ Strahlenschutz
- ○ Bedachungen, Batterien
- + Lot, Munition
- v Farbstoffe
- x 207,2

**Bi**
**83 Bismut**
- ○ Katalysator in der Gummiproduktion
- + Sicherungen
- + Sprinkler
- v Glas, Keramik
- x 208,98

**Po**
**84 Polonium**
- v Nuklearbatterien
- v Neutronenquelle
- v Antistatikmittel
- v Filmreiniger
- x (209)

**At**
**85 Astat**
- Keine kommerzielle Verwendung
- x (210)

**Rn**
**86 Radon**
- ○ Erdbebenvorhersage
- ○ Gesundheitsgefahr in Häusern, die auf Granit gebaut sind. Kommt in der Natur selten vor
- x (222)

---

**Fr**
**87 Francium**
- Kommt in der Natur selten vor
- (223)

**Ra**
**88 Radium**
- v Neutronenquelle
- v Strahlentherapie
- x 226,03

---

**Aggregatzustand bei Zimmertemperatur:**
- **Gelb** Gas
- **Rot** Flüssigkeit
- **Weiß** Feststoff
- **Grün** Feststoff (radioaktiv)

**Vorkommen in der Natur:**
- nur in Verbindungen
- nur elementar
- in Verbindungen und elementar

**Verwendung:**

**20 Calcium** — Ordnungszahl und Name
- ○ elementar
- + in Legierung, Gemenge oder Beimischung
- v als Verbindung
- x — Atommasse in u (Nukleonenzahl des wichtigsten Isotops in Klammern)